야근이 사라지는
문제해결의 기술

옆 사람과 궁극의 차이를 만들어내는 문제해결의 힘

야근이 사라지는 문제해결의 기술

초판 1쇄 인쇄 2020년 7월 20일
초판 1쇄 발행 2020년 7월 24일

지은이 곽민철
일러스트 최아영

발행인 백유미 조영석
발행처 (주)라온아시아
주소 서울특별시 서초구 효령로 34길 4, 프린스효령빌딩 5F

등록 2016년 7월 5일 제 2016-000141호
전화 070-7600-8230   **팩스** 070-4754-2473

값 14,500원
ISBN 979-11-90820-59-2 (03320)

라온북은 독자 여러분의 소중한 원고를 기다리고 있습니다. (raonbook@raonasia.co.kr)

옆 사람과 궁극의 차이를 만들어내는 문제해결의 힘

야근이 사라지는
문제해결의 기술

곽민철 지음

RAON
BOOK

인류 최고의 문제해결사이자 일벌레

지금 지구상에서 가장 주목받는 인물은 누구일까? 단연 일론 머스크(Elon Reeve Musk)일 것이다. 그는 얼마 전 민간우주선을 발사하며 우주여행의 시대를 열었다. 만약 미항공우주국(NASA)에서 발사에 성공했다면 그저 그런 이벤트가 됐을 이 사건이 한 남자로 인해 일어나자, 인류는 체감할 수 있는 세상의 변화를 느끼게 되었다. 화성 여행, 화성 도시 등 비현실적으로 들리던 그의 계획들이 현실로 느껴졌다. 이런 신뢰는 그가 걸어온 문제해결의 발걸음들에서 시작된다.

이메일 주소만을 활용해 금융이 가능하도록 혁신한 '페이팔' 신화, 환경문제를 해결하기 위한 자율주행 전기자동차 '테슬라', 태양광 시설의 비용을 1달러 이하로 줄인 '솔라시티', 교통체증 해결을 위한 초고속 지하도로 하이퍼루프를 개발하는 '더 보링 컴퍼니', 우울증과 같은 뇌질환 치료를 위해 뇌와 컴퓨터를 연결하는 '뉴럴링크'까지. 세월이 지나 우리의 아이들에게 한 사람이 일생 동안 이것을 다 해결했다고 이야기하면 아빠가 거짓말한다고 생각할 것이다.

그만큼 그는 인류가 손대지 못한 문제들을 끊임없이 해결해왔다.

그는 인류 최고의 문제해결사로도 주목할 만하지만 엄청난 야근 벌레이기도 하다. 지금도 일주일에 120시간, 하루에 약 17시간을 일하는 것으로 유명하고, 창업 초기 일부러 집이 먼 명문대 졸업생들을 채용해 본인과 직원의 야근을 유도했던 인물로 악명이 높다. 지금도 테슬라와 스페이스 X를 하루에 동시에 출근하는 살인적인 스케줄을 소화하고 있다. 그의 엄청난 업적과 엄청난 업무량은 우리에게 새로운 변화와 우리 일의 관계를 보여주고 있다.

새로운 불안과 그에 대한 혁신이 쏟아지는 지금의 시대에 분명 새로운 문제를 해결해야 하는 것은 숙제다. 만약 모든 사람들이 문제를 보지 못한다면, 그래서 세상이 멈춘다면 우리의 삶은 완전히 멈추어버릴지도 모른다. 맹수 한 마리가 산에서 내려왔는데 우리가 문제를 삼지 않는다면, 당장 바이러스가 창궐했는데 누구도 해결하려 들지 않는다면 인류의 미래는 없다. 반면 발전한 시대만큼 인간의 삶도 더욱더 중요해졌다. 두 가지 모두를 달성하기 위해서 우리는 분명 다른 시야를 가져야 한다. 주먹구구로 일하는 시간의 효율을 증가시키는 것이 아니라 문제를 다르게 보는 새로운 접근으로 효과와 성과 자체를 맛보는 쪽으로 관점을 옮겨야 한다.

일의 기쁨과 슬픔

이제 우리의 일 이야기를 조금 해보자. 일이 기쁨이 될 때는 언제인가? 월급, 승진, 보람 등 우리는 대부분 눈에 보이는 것들을 꼽는다. 하지만 더 큰 영향을 미치는 것은 일이 우리를 해치는 것들에 대한 이야기다. 불필요한 반복 업무, 비전이 보이지 않는 자리에서의 불안함, 불합리한 책임으로 인한 불공정. 결국 진정한 의미의 워라밸은 일이 나의 삶을 어떻게 만들어주는가에 대한 것이지 9 to 6처럼 작은 의미가 아니다. 칼퇴근은 필요조건은 될 수 있지만 충분조건이 될 수는 없듯이 내 삶을 내 마음대로 만들어가는 주도권을 갖는 일에서 기쁨이 생기는 법이다.

요즘 일의 주도권을 갖고 있는 사람들을 찾아보자. 세상은 너무나 많이 변해서 옛날처럼 해외 기업에서 일한 스펙이나 명문 대학의 학위만으로 인정받지 못한다. 노력의 끝에서 금메달을 일궈낸 사람, 남들이 가지 않는 길을 꿋꿋이 간 사람들 모두 대단하지만 요즘 대중에게서 회자되는 사람들은 다르다. 모두 자신만의 분야에서 자신의 방식대로 문제를 해결해낸 사람들이다. 복잡한 금융 채널을 한눈에 보게 하고 페이팔로부터 800억 투자를 받은 '토스' 이승건 대표, 면도기 시장의 수익 구조를 문제 삼아 글로벌 대기업의 경쟁사가 된 '와이즐리' 김동욱 대표, 호텔 공실 문제를 해결하고 수백억 원에 회사를 매각한 '데일리호텔' 신재식 대표, 생산 문제가 원인이라는 고정관념에서 마케팅 문제가 핵심이라는 사고의 전환을 통해 회사를 20배 성장시킨 '삼진어묵' 박용준 대표, 온라인 학습 시대의 어려움을 해결해 실리콘밸리의 주목을 받은 '클라썸' 이채린 대표.

마치 세상이 기다렸다는 듯이 문제를 조금만 바꿔서 해결해도 SNS를 통해 그들의 평판이 순식간에 공유된다. 아무리 작은 활동이라도 가치가 있다면 모두가 열광한다. 문제해결력은 결과로서 세상에 드러난다. 누가 자신이 해결할 수 있는 문제를 프레젠테이션으로 증명하고 거액의 엔젤투자를 받았는가? 모두가 당연하게 여기는 작은 업무 효율성을 누가 문제 삼고 핵심 인재로 인정받는가? 퇴근 후 자신의 작은 취미활동을 레슨으로 열어 연봉보다 높은 수익을 올리는 사람들은 누구인가? 이제 과거의 정답 찾기나 성실함으로 무장한 인재들보다는 '누군가의 문제를 해결함으로써 기회로 만드는 능력'을 가진 사람들이 인정받는다. 나는 그들을 '문제를 자유자재로 디자인하는 사람(Problem Designer)'으로 높여 부른다.

앞으로 변하지 않을 핵심, 문제해결력

한번 과거로 돌아가보자. 문제해결이라 하면 전문 컨설턴트가 서류가방에서 꺼내는 도구나 논리의 도식 따위를 떠올렸다. 명문대 교수들만 이야기하는 것이었고, 일반인들은 전혀 활용하지 못하는 전문용어가 난무하는 '계륵'이었다. 그래서 지금까지 우리에게 문제해결력이란 알아두면 쓸모없는 잡학 사전에 불과했다. 하지만 이제 양상이 바뀌었다. 요즘은 혁신이라는 이름으로 문제해결을 환영한다. 문제해결을 당연하게 여기는 해외 명문대에서는 모든 수업을 실제 문제를 해결하는 프로젝트로 진행한다. 심지어 카카오, SK 등 대기업들이 자신만의 문제해결 방법에 대한 브랜드를 론칭하기도 한다. 글로벌 경영지 《블룸버그》는 '면접에서 문제해결력을 증명하는 방법'을 게재하기도 했다.

모두를 위해 잠시 귀를 닫고 눈을 뜨자

"지금 직장에서 주는 일에 감사할 줄 알아야 해."

"어차피 이력서에서 대학이 제일 중요한 거 알잖아?"

"네가 무슨 창업이야, 공무원 시험이 답이야."

지금껏 이런 소리를 많이 들어보았을 것이다. 이 말들은 '안정'이라는 달콤함을 주지만 결국 우리를 고정관념이라는 틀에 가둔다. 따라서 다이아몬드 원석 같은 인재들이 기지개도 펴지 못한다. 좋은 회사임에도 불구하고 혁신 없이 현실에 안주한다. 귀를 닫고 잠깐만 눈을 돌려보자. 실리콘밸리 아니 판교나 성수동만 바라봐도 모든 것이 변했다는 사실을 알 수 있다. 성공한 문제해결 하나가 누군가를 성장시키고 있다. 기업, 스타트업, 프리랜서 등 누군가 매력적인 사람을 찾는다면 바로 지금 그들의 문제를 해결해줄 수 있는 사람들이다. 문제를 해결하는 인재는 어디로든 흘러가게 된다. 애플은 아주 작은 지문인식 기술 스타트업을 인수해 지금 아이폰의 지문인식 기술을 만들었다. 우리나라에서는 대형물류유통 회사가 자전거로 운영하는 배달 서비스 스타트업을 인수한다. 그것이 앞으로 오프라인 편의점의 50%를 대신해 시장을 형성할 것이라고 발표한다. 기업은 조금이라도 문제를 해결하는 사람들을 팀 전체를 흡수해서라도 가져가려 하는 형국이다. 자신만의 가치를 만드는 사람들은 기회를 맞이할 수밖에 없다.

이 책은 문제해결에 대한 이론서가 아니다. 새로운 시대를 맞이하는 우리가 꼭 알아야 하는 교양서로서 문제가 무엇인지를 고민해야 한다고 전하는 메시지다. 세상에 아는 사람만 사용하는 무기들을 공유하는 마중물이다. 그동안 수많은 프로젝트를 진행하면서 보고 접한 문제해결 방법들의 이야기이며, 현업에 지쳐 다른 방법을 찾을 겨를이 없는 후배들을 위해서 문제를 해결한 선배들이 어떻게 고민했는지 생각의 노하우에 대한 이야기다.

나는 이 책을 통해 당신이 누군가의 문제를 다르게 보고, 해결해주고 싶다는 느낌을 가지게 되리라 생각한다. 이 책은 당신이 문제를 해결 방법 위에 얹어볼 수 있도록 도와줄 것이다. 만약 갑자기 머릿속에 고객의 문제가 명확해진다면 책을 덮고 달려가라. 책의 마지막 장보다 당신의 문제해결이 훨씬 더 가치 있다.

당신의 분야에서 차별된 가치를 인정받기를 바라며

Project Coach

곽민철

차 례

문제를 알면 문제가 쉬워진다

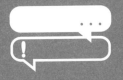

Chapter 1

—

지금 세상은
특별한 해결력을
원한다

"변하지 않는 유일한 것은 변한다는 사실뿐이다."

- 헤라클레이토스

새로운 세상에는
새로운 능력이 필요하다

새로운 시대가 주목하는 것

어느 때보다 편리한 세상이다. 작은 손 안에서 내가 보고 싶은 것을 보고 원하는 것을 할 수 있다. 모든 것들이 간단해지고 풍족해졌다. 하지만 편리한 만큼 꽃길만 있는 것은 아니다. 일상의 문제들이 손 쉽게 해결된 만큼 우리의 직업들도 사라졌다. 결국 새로운 시대에 남은 것은 무엇일까? 누구도 경험해보지 못한 수준의 문제들만 세상에 대접을 받기 시작한다.

흔히 밀레니얼로 불리는 요즘 세대는 더욱 당황스러울 것이다. 너무나 빠르게 발전하니 학교 졸업장을 들고 나오는 순간에도 구식이 되어버린다. 내가 아는 것들의 대부분이 누구나 할 수 있는 것들이거나 직장에서 쓸모가 없는 수준이 된다. 좋은 직업을 구해도 당장 따라가지 않으면 살아남을 수 없다. 게다가 선배들을 찾아가도 누구도 정답을 알려줄 수 없다. 정답이 있지도 않고 풀어본 사람도 없는 새롭고 새로운 일들의 연속이다.

이런 세상에 눈에 띄는 누군가는 분명 존재한다. 다른 사람들은 별것 아니라고 생각하는 곳에서 문제를 찾아낸다. 모두가 돈이 많이 들어간다며 포기했던 일을 아주 간단한 방법으로 해결한다. 이런 사람들이 혁신가가 되고 세상을 만들어간다. 주도권은 분명히 새로움을 반기는 사람에게 주어진다. 이제는 그 주도권이 우리 차례가 되어야 한다.

새로운 시대는 새로운 문제를 결정하는 사람의 것이다

지금의 시대를 가장 잘 읽을 수 있는 곳은 어디일까? 사람들이 모이는 곳이다. 다양한 사람들이 모이면 더욱 좋다. 스타벅스가 바로 그런 곳이다. 즐겁게 수다를 떠는 사람들부터 노트북을 두 대씩 펴놓고 일하는 사람들, 창가에 혼자 앉아서 책을 읽는 사람들까지 다양하다. 이들을 조금 더 관심 있게 보면 새로운 변화가 보인다. 영상을 편집하는 유튜버부터 알 수 없는 펜으로 그림을 그리는 사람들까지. 그야말로 밀레니얼 시대를 사는 우리의 삶이 이곳에 저장되어 있다고 해도 틀린 말이 아니다.

과연 예전의 스타벅스도 지금과 같은 모습이었을까? 호랑이 담배 필 적 이야기를 하자면, 커피를 돈 주고 사먹는 사람들을 이상하게 바라본 때가 있었다. 이화여대 앞에 오픈한 스타벅스 1호점은 젊은 사람들의 '과소비의 상징'으로 엄청난 비난의 대상이었다. 첫 해부터 큰 적자를 기록하자 전문가들은 우리나라에 맞지 않다며 철수를 해야 한다는 일반적인 처방을 내렸다. 그런데 지금은 건물주가 가장 유치하고 싶은 매장 1위가 됐다. 어떻게 이렇게 되었을까?

결론은 새로운 세상에 새로운 모습을 선택했다는 것이다. 미국 스타벅스의 수익은 테이크아웃에서 크게 발생했다. 만약 우리나라에서도 테이크아웃 중심으로 운영했다면 영원히 사치품 커피로 남았을 것이다. 하지만 그들은 대한민국이라는 새로운 문화를 고려해 인구 5천만 명인 작은 나라에 세계에서 가장 큰 스타벅스 매장을 열었다. 생활 속 테이크아웃이 아니라 특별한 만남의 장소 이미지를 구축하기 위해서였다. '별다방'이라는 신조어도 이때 생겨났다. 이렇게 전략적으로 공략한 명동의 대형 매장 덕분에 한국 커피 시장의 주도권은 스타벅스가 잡게 되었다.

스타벅스가 이 한 번의 성공만 붙들고 있었다면 주도권은 이미 다른 곳으로 넘어갔을 것이다. 그들이 아직도 제국을 유지하는 것은 변화에 따른 결정에 능숙하다는 것이다. 스타벅스 회장 하워드 슐츠(Howard Schultz)가 "Fantastic!"이라는 감탄사를 보낸 사이렌 오더는 세계 최초로 우리나라에서 개발되어 2014년 5월에 출시되었다. 지금은 차량번호를 자동으로 인식해 지갑을 꺼내지 않아도 자동 결제되는 시스템까지도 적용하고 있다. 편리함이 더해지고 더해져 "지갑을 꺼내는 것이 귀찮다"라는 수준의 고객 불만 한 마디에 새로움을 만들어간 결과물이다.

새로운 세상의 흐름을 자신으로 것으로 만드는 것은 바로 이런 작은 변화에서 시작된다. 반짝이고 대단한 것이 아니다. 결국 우리가 지금보다 나아지고 싶어 하는 그 무엇인가를 조금씩 해결해나가는 것이다. 지금에 머무르고 싶은 게으름에서 조금만 벗어나면 된다. 별것 아닌 것처럼 들리지만 이것이 바로 밀레니얼 시대에 우리가 주목해야 할 '문제해결'의 정의다. 시험문제 따위의 정답을 찾아가는 것이 아니다. 지금까지 없었던 문제와 기회들이 널려 있다. 그러나 기회는 있으나 볼 수 있는 사람은 따로 있다.

밀레니얼은 새로운 문제를 알고 있다?

'밀레니얼'이라는 말이 처음 등장했을 때는 분명히 유행어 수준이었다. 하지만 지금은 그저 신세대(New Generation)를 말하는 것과는 전혀 다른 의미로 통용된다. 완전히 다른 삶의 경험과 패턴을 가진 이들만의 사고방식과 삶의 태도는 자연스레 퍼져나갔고, 시간이 흘러 이제는 그들이 세상의 주축이 되는 차례가 돌아왔다. 기업들은 이런 변화를 놓치지 않으려고 온갖 시도를 통해 그들을 읽고자 한다.

이들의 가장 대표적인 특징은 문제에 대한 순수한 시각이다. 기존의 세대들이 경험하고 해결해온 분야는 이미 많은 사람들이 참여해서 경쟁이 치열하다. 대부분 해결되어 있고 학교에서 배우는 과거의 지식이 되어 있다. 밀레니얼에게 이런 문제들은 구식이거니와 이미 충족되어 결핍을 느끼지 못하는 수준이다. 과거의 문제들은 애초에 눈에 보이지 않는다. 이런 시각은 누군가로부터 배운다고 생기는 것이 아니라 그들의 삶에서 만들어진 자연스러운 전유물이다. 이런 경험은 세상의 문제와 비즈니스를 다르게 보는 관점으로 나타난다. 기성세대가 생산력과 유통망을 장악하는 것에 매달렸다면 밀레니얼들은 그럴 필요성을 못 느낀다. 각자가 필요한 것은 각자의 방법으로 얻을 수 있는 세상이 되었기 때문이다. 이렇게 밀레니얼들은 백지의 경험 상태에서 순수한 관점으로 문제를 발견하는데 이것은 세상을 만들어가는 이들만의 가장 강력한 동력이다.

밀레니얼에게 뉴스 1면 따위는 중요하지 않다. 문제의 결정 기준은 다른 사람들과 함께 공감하면 그걸로 끝이다. '휴대폰 속 광고가 보기 싫어!', '경쟁사의 같은 일을 하는 사람들의 연봉, 삶의 패턴이 궁금해!', '나 혼자 있고 싶지만 연결이 끊기는 것은 싫어!' 등 기성세대는 금기시해왔거나 보지 못하는 것을 문제 삼는다. 작은 곳에서 불편함을 호소하며 빠르게 해결하고 새로운 것을 간절하게 원한다. 때로는 불만이 많은 세대로 비치기도 하지만 이는 앞으로의 문제해결에서는 최고의 재능이다. 그렇게 페이스북, 우버, 야놀자 등 기성세대의 눈으로는 나올 수 없었던 밀레니얼의 틈새시장(Niche Market)이 순수함에서 태어났다.

또 하나의 특징은 문제를 다루는 것에 새로운 생태계를 적극적으로 활용한다는 것이다. 새로운 생태계란 무엇인가? 이들에게 생태계는 문제를 공감하는 콘셉트 그 자체다. '셀럽들의 옷만 한눈에 보고 싶어'라고 생각하면 유명인들이 입는 옷만 보여주는 플랫폼 생태계를 만든다. 모두가 공감한 문제를 그들의 생태계를 이용해서 만들어간다. 혹시 말이 안 된다고 생각하는가? 2019년에 이미 2,000억의 매출을 기록한 '에이블리'의 이야기다. 이제는 밀레니얼의 시각에서 밀레니얼의 문제를 바라보는 것이 절실히 필요한 때다.

역사 속에서 개선이나 혁신은 항상 새로운 세대의 몫이었다. 과거 세대가 그랬던 것처럼 밀레니얼 세대가 앞으로 세상의 주축을 가져갈 것이다. 하지만 모든 밀레니얼에 대한 이야기가 아니다. 확실하게 선을 긋자면 밀레니얼 세대가 아니라 밀레니얼 세대다운 문제의식을 택하는 사람들만 살아남으리라 생각한다.

> "밀레니얼에게는 아주 작은 혁명이 많으며,
> 우리는 변화하고 좋아지기 위해 백만 개의 방법을 사용해야 합니다."
> - 아두놀라 아데솔라, "여전히 삶을 알기 위해 애쓰는 모든 밀레니얼들을 위한
> 45개의 동기부여용 인용구", 〈포브스〉, 2018

문제를 다루는 것이 관건이다

아무리 밀레니얼이라도 '예전에 했던', '내가 해봤던' 솔루션을 고수한다면 이미 시대에 뒤처지게 될 것이다. '성실하게 있는 것만 할 거야'라는 사람 또한 마찬가지다. 성실이 기본으로 탑재된 자동화 로

봇보다 더 성실할 수 있는가? '누가 비트코인으로 성공했다며?'라며 따라가는 모습도 마찬가지다. 조만간 경쟁이 가득한 바다에서 허덕이다 결국 나보다 조금 더 알고 있는 경쟁자에게 당할 가능성이 높다. 결국 밀레니얼의 감각이 하는 일은 문제를 찾아내는 것까지가 전부다. 그 이후는 무엇인가? 이때 문제를 다루는 능력, 즉 '문제해결력'이 필요하다.

하지만 우리는 학교에서 단 한 번도 배운 적 없고, 현 학교의 방식으로 배울 수도 없다. 온전히 내가 해보아야만 내 것이 되고 또 다른 문제를 만났을 때 힘이 되는데 그런 경험이 없다. 결국 문제해결에 대한 대비 없이 대학을 졸업하고 사회에 나가면 학교의 전공 지식이 쓸모없음을 뼈저리게 느낀다. 분명 감각도 좋고 트렌드에도 뒤처지지 않다고 자부했는데, 정작 결정적인 한 방을 날리지 못하고 누군가가 닦아놓은 길만 따라가게 된다. 우리가 원하는 것은 이것이 아니지 않는가?

사실 문제를 다루는 법은 우리 옆에 항상 존재한다. 세상이 아무리 빠르게 변해도 변하지 않는 중요한 것 중의 하나다. 문제를 정확히 보는 것, 아니 그 이전에 문제는 어떻게 만들어지는지부터 해결 아이디어를 어떤 종류로 구분할 수 있는지를 조금이라도 알면 응용이 바로 가능하다. 문제해결은 실용적 분야의 정점이다. 두꺼운 전문 서적을 달달 외울 필요가 없다. 내 문제를 다루는 다양한 시각들을 무기로 장착하고 그때그때 꺼내서 써보면 그것이 전부다. 문제해결력은 그렇게 기본기가 되어가고, 기본기가 탄탄해야 나의 능력을 세상에 증명하게 된다.

자주 접하지 않은 분야라서 막연하게 느껴진다면 이 시대의 성공한 사람들을 보자. 새로운 문제에 유연하게 도전하는 사람만이 주역이 되고 있다. 누가 이 시대를 그렇게 선도하고 있는가? 구글의 한국어 성능을 문제 삼고 도전했던 청년은 SK의 30대 상무로 승진하며 스포트라이트를 받았다. 고리타분한 독서실 비즈니스의 문제점들을 고쳐 프리미엄화한 '작심'의 30대 대표가 주역이 되었다. 또한 동물실험에 반대하는 사람들을 위한 화장품에 집중한 30대 대표는 밀레니얼다운 사회문제 의식 하나로 화장품계에서 새로운 역사를 쓰고 있다. 새로운 세상의 새로운 능력은 새로운 문제를 보고 만져보는 것에서 시작된다.

새로운 시작을 맞이하는 것에는 공통점이 있다

비즈니스 이야기는 머리 아프니 아주 작은 삶의 이야기로 마무리해보자. 혹시 최근 새롭게 시작한 일이 무엇인가? 아주 사소한 것이라도 괜찮다. 커피를 배우거나 필라테스를 시작하거나 또는 영어 회화를 시작하거나 모두 좋다. 시작했을 때의 기억으로 돌아와서 무엇이 나를 그곳으로 데려다주었는지 떠올려보자. 명확하게 내 머릿속에 그려지는가? 번듯한 취미, 좋아하는 사람과의 시간 또는 나만의 시간, 자기계발이든 무엇인가 자신만의 이유가 있을 것이다. 그 시작점이 정말 나에게 있는가? 아니면 없는가?

아무리 작은 일이라도 타인이나 환경에 끌려서 시작하거나, 내가 왜 시작했는지 설명할 수 없는 일은 언젠가 제동이 걸린다. 포기하거나 스트레스 덩어리가 된다. 반면 내가 시작점을 정확히 알고 있는 결정은 실패해도 나를 성장하게 한다. 아무리 힘들어도 돌아볼 수 있는 발자국이 선명하게 남는다. 나의 문제를 내가 결정하고 시작하는 그 지점의 주인이 되는 것, 내가 해결할 문제를 내가 설정하는 것에서 시작한다.

예외는 없다. 모든 일에는 시작점(Starting Point)이 존재한다. 그리고 모든 결정은 새로운 또 다른 시작점이 된다. 취미를 통해 프리랜서의 길로 들어설 때(Turning Point), 잠시 멈추고 뒤돌아보기 위해 멈춰갈 때(Breaking Point), 다시 돌아와 삶을 시작할 때(Return Point) 심지어 너무 답답해서 화를 낼 때(Bursting Point)까지도 시작점이 된다. 그리고 나의 새로운 문제를 해결하는 의미가 된다. 변화하는 세상 속에서 매일매일 새로운 시작을 해야 하는 밀레니얼 시대의 우리에게 가장 절실한 한 가지는 내가 해결할 문제를 스스로 결정하는 것이다.

세대가 아닌
시대의 차이다

밀레니얼은 자기중심적이다?

> 자기중심주의 '나 홀로가 좋다'
>
> 하고 싶은 일 맡으면 '야근도 신바람'
>
> 출세보다 도전, 성취 등 '내면가치' 중시
>
> '회식은 점심 때' 자기 시간 뺏기면 질색

어떤 사람들에 대한 이야기인가? 밀레니얼이 처음으로 떠오른 분들이 대다수일 것이다. 하지만 정답은 밀레니얼이 아니다. 위의 내용은 밀레니얼이 태어났을 즈음인 1993년에 동아일보에서 무려

34회동안 연재한 '신세대'에 대한 기사의 헤드라인이다. 꽤나 흥미로운 부분은 밀레니얼을 바라보는 지금의 시선과 너무나 비슷하다는 것이다. 지금 포털 사이트에서 밀레니얼을 검색해보면 혼란스러울 정도로 똑같다. 우리의 세대 구분은 분명 무엇인가 잘못되었다.

위의 기사처럼 밀레니얼은 자기중심적이고, 하고 싶은 일만 하고 기성세대는 그렇지 않은가? 그렇다면 모든 밀레니얼은 같은가? 이것이야말로 편견이자 성급한 일반화다. 심지어 이런 혼란을 비즈니스에서는 기회 삼아 활용하고 심지어 부추긴다. 모 맥주 광고에서는 '그건 네 생각이고', '보드나 타는 게 무슨 직업이냐'처럼 자극적인 멘트로 오해를 만들고 이익을 챙겨간다. 남의 속을 긁어주는 사이다 마케팅으로 맥주는 팔릴지 모르겠지만 세대 갈등은 어떻게 할 것인가. 정작 본인 회사의 신입들에게 세대 차이를 이렇게 전달하지는 않을 것이다. 진짜 밀레니얼 시대를 앞서가려는 사람들이라면 세대보다는 시대로 바라보는 것이 필요하다.

다른 세대가 모여서 일하면 정말 큰일 날까?

X세대와 밀레니얼만으로 구성되었던 프로젝트가 하나 떠오른다. 상상해보자. 화장품 회사의 차기년도 전사적 마케팅 수립 과정이다. 중견 스타트업답게 카페 같은 이미지의 세련된 회의 장소에 모였다. 자발적 참여였지만 대표이사가 주최한 만큼 관련자는 다 왔다. 총 인원은 열세 명으로 팀을 대표하는 구성원들이 다양하게 왔

다. 창업이 4년밖에 되지 않았지만 구성원의 배경이 참 다양했다. 대기업에서 이직한 사람, 창립 멤버, 타 스타트업에서 스카우트 된 사람 그리고 부서장 대신 참여한 사람까지도 있었다.

시작은 어느 회사나 크게 다를 바 없었다. 올해의 상황을 공유한다. 주요했던 분야는 어디인지 아닌 곳은 어디인지 그리고 내년의 목표를 설정하는 작업에 들어간다. 중국 시장이 우선인지, 어떤 브랜드를 주력해야 하는지 어떻게 팀을 구성할 것인지에 도입하며 개인의 목소리가 높아진다. 누군가는 찬성하고, 누군가는 반대하며 조율한다. 조금 다른 점이 있다면 체력들이 좋아서 늦게까지 진행했다. 여기까지가 전부다. 격한 세대 간의 싸움이나 비난은 없었다.

혹시 위의 이야기를 보며 언젠가는 사건이 터질 것으로 예상했는가? 밀레니얼은 신제품을 이야기하고 X세대는 오프라인 마케팅을 하자고 이야기하다가 선배는 소리를 지르고, 후배는 퇴근 시간이니 내일 하자고 이야기하는 모습. 이런 모습은 현실에 없다. 상상 속에만 존재한다. 일어나지 않을 90%의 걱정 중 하나일 뿐이다. 이것이 현실이다. 프로젝트는 매우 일반적이었고 성공적으로 마쳤다.

드라마처럼 세대 간의 간극을 극적으로 좁혀서 화해하는 것이 아니라 애초에 그것이 문제가 안 되는 상태였다. 다른 세대끼리 모였다고 해서 '서로의 의견이 구식이거나 너무 급진적임', '퇴근하려는 자와 일 시키려는 자'와 같은 있지도 않은 세대의 편견에 자꾸 몰입하면 시대가 보이지 않는다.

'세대 차이'는 가장 저급한 문제해결 방법이다

쉽게 말해서 두드러기가 났을 때 피부만을 보는 의사와 그 원인을 생각하는 의사는 다르다. 검사 방법도 다르고 치료 방법도 다르다. 이처럼 세대 차이도 자극적인 표면의 모습만 보는 것과 그것이 주는 의미를 보는 것은 차이가 크다.

대부분의 조직들은 다양한 세대가 섞여 있다. 그런 매우 평범하고 일반적인 조직에서 어떤 문제가 발생했다고 해보자. 세대 차이를 중심으로 보는 조직은 문제를 사람에게서 찾을 가능성이 높다. 상사가 잘못하면 '봐봐, 소통을 안 하잖아', 하급자가 잘못하면 '버릇없이 굴 때부터 알아봤어'라며 서로에게 총을 겨눌 것이다. 결국 원인을 사람에게 두고 누군가를 처벌하거나 다음부터 세대를 넘지 못하도록 벽을 쌓을 것이다. 이는 가장 흔한 잘못된 문제 처리 방법으로 해결이 아니다.

반면 시대 차이를 읽는 조직은 문제가 터졌을 때 다른 세대를 처단하는 것에 집중하지 않는다. 우리의 의사결정 중 무엇이 잘못되었는지를 볼 것이다. 의사결정에서 빠뜨린 것은 무엇인지 혹은 우리가 생각한 것이 지금 현실과 어떤 차이가 있는지가 보인다. 문제를 해결하지 못하더라도 괜찮다. 선후배가 서로 벽을 쌓는 최악의 결과는 피했다. 이런 조직은 다음에 같은 문제가 발생해도 이겨낼 수 있는 힘을 갖게 된다. 세대 차이는 눈을 가리지만 시대 차이는 문제를 정확하게 볼 수 있게 만들어준다. 문제해결형 조직문화는 보너스다.

| '세대'와 '시대' 관점의 차이 |

세대 차이로 바라보기		시대 차이로 바라보기
나 때는 선배보다 일찍 오고, 늦게 갔어.	출퇴근	정해진 시간보다 성과가 중요해.
나 때는 마지막까지 남았어.	회식	형식보다 관계가 중요해.
나 때는 선배의 라인, 회사에 충성했어.	직무 결정	라인보다 적성이 중요해.
나 때는 무슨 일이든 배우고, 뛰어들었어.	산업구조	나만의 퍼스널 브랜딩이 필요해.
나 때는 내 자리에서 버텼어.	산업변화	변화에 따라 이직, 전직도 가능해.
나 때는 그것보다 적어도 일했어.	소득	공정한 소득은 기본이지.
나 때는 꼭 필요한 곳에만 쓰고, 후배 밥 사줬어.	소비	내가 소비하는 곳이 내 정체성이야.
나 때는 적금·예금 들었어.	저축	저성장 + 제로금리 시대, 아끼는 것이 전부가 아니야.
나 때는 아껴서 집부터 마련했어.	자산	이제 집은 1순위가 아니야.

세대 차이를 어떻게 받아들여야 하는가?

메소포타미아 설형문자 점토판에도, 고대 이집트의 피라미드에도, 고대 아테네의 철학자 소크라테스도 "요즘 젊은이들은 버릇이 없다. 말이 통하지 않는다"고 적혀 있고 또 말했다는 것이 우스갯소리가 아니다. 세대 차이는 언제나 존재해왔다. 그저 언제나 마주치는 다름의 형태 중 대표적인 하나다. 단지 이것에 얽매이면 남을 탓하는 것 외에는 어느 것도 해결할 수 없다.

세대 차이를 긍정적으로 받아들이자. 서로를 이해하는 도구로서 중요한 기준점이 되어준다. 컴퓨터를 학원에서 배운 세대와 태어날 때부터 모든 것이 디지털화되어 있던 세대가 어떻게 같을 수 있겠는가. 동네의 구멍가게가 전부였던 세대와 모든 것을 집 앞에서 받는 세대의 가치관은 다를 수밖에 없다. 이제는 새로운 시대의 관점에서 바라보아야 새로운 시간들의 문제해결을 볼 수 있다. 세대에 갇히지 말고 눈을 열면 새로운 시대의 문제가 보인다.

유명 저널이나 잡지에서 84년생부터가 밀레니얼이라고 해서 모두 밀레니얼이 아니다. 밀레니얼이라고 다 혁신적인 것도 아니고 기성세대라고 다 보수적인 것도 아니다. 다양성의 세상에서 하나의 기준으로 줄을 세우는 일변량적 논리는 모두 틀리다고 생각해도 된다. 그렇기 때문에 나부터 확실하게 파악해볼 필요가 있다. 나는 어떤 면에서 흔히 말하는 기성세대의 모습이며 어떤 분야에서는 신세대의 모습을 가지는가? 내가 깨어 있어야 다른 사람도 보인다. 그때 비로소 세대 차이가 아닌 시대 차이의 관점을 가졌다고 이야기할 수 있다.

내가 바로 꼰대? 밀레니얼 성향 Test

아침에는 밀레니얼인 줄 알았는데, 저녁때면 X세대인 것 같다. 나이라도 많이 차이 나면 고민도 안 하는데, 한두 살 차이밖에 나지 않는데도 혹시나 사람들과 어울리다 '젊은 꼰대'라는 소리를 들을까 봐 고민이라면 세대의 구분보다는 자신의 성향을 테스트해보는 것이 필요하다. 밀레니얼은 나이가 아니다. 성향이다.

이 테스트는 〈뉴욕타임스〉 2019년 3월 14일에 실린 '당신은 숨겨진 밀레니얼입니까?(Are You Secretly a Millennial?)' 테스트를 우리 문화로 재해석해서 개발한 것이다. 총 15개로 구성된 질문에 자신과 더 잘 맞는 것을 체크하면 된다. 솔직하고도 솔직하게 임해보길 바란다.

1. 얼마나 많은 전화번호를 기억하고 있는가?	
A. 부모님, 친한 친구, 114	B. 아마 남자/여자친구?
2. 내 인생의 본격적인 불안함은 언제부터인가?	
A. 사회생활을 시작하며	B. 학교에 들어갈 때부터
3. 정치, 시사를 무엇으로 접하는가?	
A. 뉴스, 포털사이트 1면	B. 카드뉴스, 유튜브 채널
4. 간단한 업무를 하다가 모르겠으면 어떻게 하는가?	
A. 선배에게 물어본다.	B. 포털 사이트에 검색한다.
5. 노란 상자의 커피 브랜드에 누가 더 어울리는가?	
A. 이나영, 안성기	B. 노란 상자 커피?

6. 저녁 7시에 친구 집에서 약속을 잡았을 때 모습은 어떤가?

A. 7시까지 도착한다.　　　　　　　B. 가면서 어디쯤인지 구구절절 연락한다.

7. 사주팔자 VS 빅데이터

A. 사주팔자는 통계학이다.　　　　　B. 빅데이터가 통계학이다.

8. 당신은 배우 '송일국'을 어떤 사람으로 기억하는가?

A. 주몽　　　　　　　　　　　　　B. 대한, 민국, 만세

9. 가수 '조성모'의 카세트 테이프나 CD를 산 적이 있는가?

A. 네.　　　　　　　　　　　　　　B. 아니요.

10. '개좋아'에 대한 느낌은?

A. 내가 쓰지는 못하겠다.　　　　　B. 적절한 감탄사다.

11. 100만 원을 모아서 예금을 하려고 한다.

A. 은행 창구가 마음이 편하다.　　　B. 어라? 사고 싶었던 게 있었는데?

12. 키보드 타이핑을 어디서 배웠는가?

A. 학교나 학원에서 배웠다.　　　　B. 그냥 했던 것 같다.

13. 술집 앞에서 사람들과 담배 피는 것에 대해 어떻게 생각하는가?

A. 시원하고, 사람들과 어울리는 시간이다.　　B. 으, 별로다.

14. 최근 3년 동안 잡지를 사본 적이 있는가?

A. 구독 중이다.　　　　　　　　　B. 없다. 대신 SNS에서 팔로우 한다.

15. 이 테스트를 하면서 어땠는가?

A. 내가 늙었을까 걱정되었다.　　　B. 다른 누군가가 떠올랐다.

A	B

B의 답변의 개수에 따라 당신의 성향은 다음과 같이 나뉜다.

0~5개: Generation X (X세대)

Generation X

고민할 필요 없이 당신은 X세대에 가깝다. 또는 X세대와 더 많은 시간을 보내며 살아왔을 것이다. 굳이 신세대처럼, 아니 밀레니얼처럼 행동할 필요 없다. 아마도 당신의 책장에는 '20대가 알아야 할 ○○○'과 같은 책이 꽂혀 있을지도 모른다. 그것이 우리의 스타일이다. 지금까지 성공해온 방법들을 통해 더 고수로 거듭나길 추천한다.

6~10개: Xennial (X밀레니얼)

xennial

당신은 X세대 그리고 밀레니얼 누구로도 위장할 수 있는 사람이다. X세대와 밀레니얼의 양쪽을 모두 조율할 수 있는 사람이다. 당신은 양쪽의 깊은 사고와 유연함을 다 가질 수 있다. '아프니까 청춘이다'와 '아프면 환자지 그게 청춘이냐'를 둘 다 이해하는 사람일 것이라고 생각한다. 밀레니얼과 어울리고 계속 업데이트하면 밀레니얼보다 더 밀레니얼처럼 될 수 있다. 새로운 앱이나 자동화 프로그램들을 많이 배워나가길 추천한다.

11~15개: Millennial (밀레니얼)

Millennial

당신은 '밀레니얼'임이 입증됐다. X세대가 겪어온 불합리한 압박들을 피해서 태어난 것은 큰 행운이다. 앞으로 다가올 불안감들이 삶의 기회가 되는 변화의 시대를 가장 잘 소화해낼 것이다. 빠른 실행과 빠른 실패로 아이디어 개선의 추진력을 보여줄 수 있다. 새로운 아이디어를 거침없이 이야기한다면 본인의 색이 더욱 잘 발휘될 것이다. 남들이 보는 두꺼운 책보다는 여러 이론이 잘 정리된 책이나 유튜브 영상이 당신에게 더 유용할 것이다. 혹시나 인문학과 같은 사람에 조금 더 관심을 둔다면 당신의 아이디어가 세상에 더 먹힐 것이다.

남들이 보지 못하는 문제를 해결할수록 주도권을 잡는다

일은 하지 않고 억대 연봉을 받은 개발자

미국 대형 인터넷 커뮤니티 '레딧(Reddit)'에 실리콘밸리의 한 개발자가 6년 만에 해고되었다며 자신의 이야기를 올렸다. 그의 직업은 다른 프로그래머들이 만든 프로그램을 테스트하는 일이었다. 다른 사람들의 결과물이 오기를 기다렸다가 고객처럼 실행해보고 문제가 생기면 보고하는 일이다. 그는 자신의 일이 지루한 반복 작업이라고 느끼고 로봇으로 자동화하기 시작했다. 취업하고 8개월 만에 말이다. 그리고 6년이라는 자유 시간을 보냈다. 사실상 일을 하지 않았지만 그 누구도 모를 만큼 결과물이 성공적이었다고 한다. 과연 그의 행동은 옳은 일인가?

인터넷에서는 엄청난 찬반이 흘러갔다. '일을 하지 않으면서 근로의 대가를 받았다', '당신은 동료들을 속였다', '자동화하면 다른 업무도 맡길 것이다', '회사가 프로그램만 가져가버리고 해고할 수 있다' 등 다양한 입장이 오고 갔다. 그러나 이 일이 우리에게 시사하는 바는 다른 것에 있다.

사람이 해야 할 일을 로봇이 성공적으로 해냈다. 반복 작업은 로봇에게 주고, 우리는 새로운 문제로 시선을 옮기게 됐다. 우리는 이 변화를 주의 깊게 바라봐야 한다. 왜냐하면 이 흐름은 멈추지 않고 계속될 것이기 때문이다. 이유는 간단하다. 이것이 효율적인 세상을 만드는 법칙이다. 앞으로의 시대에 인간이 해야 하는 역할은 완전히 바뀔 것이다.

우리가 모르는 사이에 많은 일들이 변했다. 택배 당일 서비스도 로봇이 흐름을 결정해서 만들어진다. 어디에서 택배의 흐름을 만드는 것이 더 효율적인가를 로봇이 파악한다. 대표적인 결과물로 서울에서 서울로 보내는 택배가 저 멀리에 있는 대전에 다녀온다. 인간이 상상할 수 없었던 효율을 가진 혁명이었다. 인간의 직관으로 해결하기 어려운 수준의 문제를 해결한다. 미국의 최대 물류 유통기업 아마존은 물건을 고객이 주문하기 전에 미리 배송하기도 한다. 물건이 필요한 곳과 필요한 타이밍을 기계가 예측해 고객 주변에 미리 가져다 놓는다. 반복된 작업을 로봇에게 맡기니 데이터가 나오고 데이터가 나오니 기계가 의사결정을 할 수 있는 시대가 왔다. 인간의 역할은 분명히 바뀌고 있다.

긍정적으로 바라보아야 앞을 볼 수 있다. 기계 덕분에 금전, 시간, 정신적 비용이 줄어드니 극도로 경제적이다. 이런 발전이 우리에게 커피를 즐길 시간을 벌어주고 새로운 문제를 고민할 수 있게 해준다. 이제 우리는 새로운 환경에서 새로 해결할 문제를 찾아내는 것에 집중하면 된다.

새로운 시대에 필요한 능력은 다르다

공교롭게도 '레딧'에서 놀고먹은 개발자의 이야기와 4차 산업혁명 시대는 같은 해에 퍼져나갔다. 4차 산업혁명은 이전부터 이야기되어왔지만 2016년 세계경제포럼(World Economic Forum)에서 발표한 '직업의 미래'는 기존 리포트와 다르게 피부에 와닿아서 충격적이었다. 그들은 지구에 존재하는 19억 명의 일자리(약 65%)가 해당되는 371개의 세계적 대기업을 조사해 이들이 꼽는 핵심역량이 무엇인지 물었다. 여기에 응답한 수많은 세계적 기업들은 입을 하나로 모아 대답했다. 그들이 말한 것은 바로바로 '복잡한 문제를 해결하는 능력(Complex Problem Solving)'이었다.

이 리포트를 받기 전까지는 어떤 직종이 유망하고 어떤 기술자를 채용해야 하는가에 집중하고 있었을 것이다. 그런데 기술이 아니라 '상황에 변화하는 능력'을 요구한다는 말랑말랑한 말을 듣게 됐다. 쉽게 표현하자면 '의사가 수술을 로봇으로 할 수 있게 하는 기술자'를 생각했는데 '의사가 수술을 로봇으로 할 때의 문제를 해결하는 능력'이 등장했다. 정해진 비즈니스나 기술은 기계가 할 것이라고 선을 그었다. 이제 인간은 기술을 배워서 적용하는 도구가 아니라 문제를 만들어가는 위치로 한 단계 더 진화한 셈이다.

앞으로 가치가 떨어질 단순한 문제는 '원인과 결과가 명확한 문제'다. 누구나 같은 방법을 떠올릴 수 있고, 해결책이 분명하게 머릿속에 그려지는 것들이다. 많은 전문가들이 답을 만들어왔던 대부분이 여기에 해당된다. 그러나 단순한 문제를 해결하는 사람들은 물이 차오르듯 점점 기계에게 대체될 것이다.

그렇다면 기계화에서 살아남은 사람은 누군가?《제2의 기계 시대》 저자 에릭 브린욜프슨(Erik Brynjolfsson)은 특별한 능력과 적절한 교육을 받은 근로자에게는 지금이 가장 좋은 시대이지만 평범한 실력이나 능력을 갖추었을 뿐인 근로자에게는 지금이 최악의 시대가 될 것이라고 했다. 시대의 생존자는 바로 복잡한 문제를 새롭게 인식하고 해결하는 사람들이다. 복잡한 문제는 원인과 결과가 다양해서 상황에 따라 전개가 완전히 달라진다. 그렇기 때문에 지식만으로는 이 문제를 해결할 수 없다. 새로운 문제에 대한 관심, 뛰어드는 성장 마인드, 해결 방법의 유연성 그리고 시대를 읽는 눈이 더욱 중요하다. 주도권은 복잡한 문제해결력이 누구에게 있는가의 차이에서 나타난다.

킹핀이 움직이면 문제와 기회도 움직인다

킹핀(King Pin)은 볼링에서 정가운데에 있는 5번 핀을 말한다. 이 핀은 다른 핀들과 연쇄작용을 일으켜 스트라이크를 칠 수 있는 가장 효과적인 제로 타깃으로, 볼링을 하는 사람이라면 모두 집중하는 고정된 목표다. 만약 이것이 자기 마음대로 움직인다면 볼링이 어떻게 변할까? 공을 다루는 능력은 기본이고 매번 새로운 판을 읽는 눈이 더 중요해질 것이다. 어쩌면 지독히도 볼링을 못했던 사람들은 움직이는 볼링핀을 환영할지도 모르겠다.

이제 현실은 움직이는 볼링이 되어버렸다. 옛날의 정답대로만 일을 했던 사람들이 가장 당황스러울 것이다. 이런 변화가 마음에 들지 않겠지만 판은 바뀌었다. 새로운 판을 읽을 줄 알고 바뀐 판을 즐기는 유연한 사람들에게 달콤한 기회가 다가왔다. 진짜 실력을 가진 사람들이 올라설 기회가 생긴 것이다.

그렇다면 누가 움직이는 문제를 잡아서 기회로 만들었는가? 사실은 우리 주변에 흔하게 널려 있다. '토스' 앱으로 유명한 비바리퍼블리카의 이승건 대표는 '복잡한 금융 채널을 한눈에 보게 만들어주는 문제'에 집중했다고 인터뷰에서 말했다. 창업 3년 차에 매출 1,800억을 기록한 이커머스의 다크호스 '블랭크 코퍼레이션' 남대광 대표는 '소비자의 결핍을 찾아 해결하는 것'에 집중한다고 강조한다. 이들은 누군가 옆머리가 뜨는 것, 샤워하는 물이 더러울까 염려되는 것과 같은 작은 문제를 해결하는 것에 집중한다. 심지어 구글도 문제를 강조하다 '죽음' 문제를 해결하겠다고 9,000억을 투자했다. 새로운 문제를 잡는 것이 곧 새로운 주도권을 잡는다는 말이야말로 변화하는 세상의 분명한 공식이다. 확실한 기회는 새로운 문제에 있다.

#킹핀전략 (Kingpin Strategy)

5번 핀을 공략해야 스트라이크 확률이 높아지는 것처럼,
핵심이 되는 부분을 찾아 문제를 해결하는 방식

요즘 세상을 뭐라고 부르는지 아시나요?

세상이 변한다는 것은 항상 듣는 이야기다. 이런 당연한 이야기에 이름까지 붙일 줄은 몰랐다. 이것은 예전처럼 변화가 당연함의 수준에 머무르는 것이 아니라 하루하루 우리의 피부에 와닿는 수준이 되었다는 증거다. 지금 시대를 부르는 별명은 바로 '뷰카(VUCA)'다.

뷰카는 1990년 초, 미 육군 대학원의 연구를 통해 세상의 주목을 받기 시작했다. 일반적으로 사회과학 용어가 100년 가까이 검증되는 반면 뷰카는 매우 빠르게 사람들의 공감을 얻었다.

지금 시대는 패러다임이 마구 변하며(Volatility), 무엇이 답인지 찾기 어렵고(Uncertainty), 수많은 영향으로 인해 원인과 결과를 알기 어려우며(Complexity), 개념의 경계가 희미하다(Ambiguity). 뷰카는 이 네 개의 단어의 앞 글자를 따서 만들어진 단어로, 이만큼 지금의 시대를 잘 표현한 말은 없을 것이다.

뷰카는 그냥 유행처럼 지나가는 단어가 아니다. '4차 산업혁명'만큼이나 시대를 대표하는 단어로 사용되고 있다. 많은 기업에서 세상을 구구절절 설명하지 않고 뷰카라는 한마디로 설명하고 공감한다. 이 단어를 이해하고 있는 것만으로도 당신은 변화를 읽는 눈을 가졌다고 해도 과언이 아니다.

지금 세상은 무엇이 원인인지 보이지 않을 만큼 다양한 원인들이 얽혀 있다. 그래서 우리는 무엇이 옳은 것인지 이야기하기 어렵다. 애매하게 느껴지는 것이 당연한 세상이다. 이것이 지금 우리가 사는 세상이다. 이렇게 세상을 바라보면 함께 일

하는 조직 구성원의 다양성이 보인다. 다름을 인정하면 다툼이 아니라 다양한 자원으로 보인다. 새로운 변화가 거추장스러운 것이 아니라 기회로 보인다. 마치 파도를 타고 서핑하듯 사고의 유연함을 가지게 된다.

일론 머스크
vs 마크 저커버그

두 명의 IT 수장이 전혀 다른 모습으로 AI를 손에 넣다

시대를 대표하는 두 억만장자가 인공지능(AI)의 문제에서 충돌했다. 이름만으로도 무게감이 넘치는 그들이 제시하는 해결책을 모두가 기다리고 있다. 그때 문득 이런 고민이 들었다. 그들이 과연 이름값에 걸맞은 해결력을 보여줄까? 현 인류 중 정말 똑똑하다는 두 사람은 같은 문제를 어떻게 다르게 해결할까?

세상에 선전포고를 한 것은 마크 저커버그(Mark Zuckerberg)였다. 2016년 자신의 대저택에 설치한 인공지능 비서 '자비스'를 본인의 페이스북 페이지에 공개했다. 겨우 100시간 투입해서 개발했다는 프라이드와 함께 말이다. 자비스는 단순히 음성인식으로 전자제품을 껐다 켰다 하는 수준이 아니었다. 아침 메뉴를 미리 준비하거나 추천해주는 것을 시작으로 방문자의 신원을 미리 알려준다. 아이가 위험 행동을 하면 경고하기도 하고, 가족이 좋아하는 농담을 주고받는다. 그것도 그가 좋아하는 배우 모건 프리먼(Morgan freeman)의 목소리로 말이다. 인공지능을 선도하겠다는 선전포고였다.

한편 일론 머스크는 공개 석상에서 테슬라가 자율주행 칩을 만들고 있음을 발표했다. 많은 우려를 예상이라도 한 듯 '인간보다 적어도 10배는 안전하게 운전할 것'이라며 선을 그었다. 사실 테슬라는 당시 비전 시스템의 오작동으로 운전자가 사망하는 사고를 겪은 후였다. 이제는 사람의 눈으로 본 시야를 확보했다며 더 이상 AI에 문제가 없다는 것을 강조했다. 이때까지만 해도 조용하게 서로를 주목하고만 있었다.

어린아이처럼 서로에게 감정싸움을 시작하다

얼마 후 머스크는 한 인터뷰에서 이렇게 말했다.

"AI는 인류의 생존을 위협할 것이며, 정부가 선제적으로 규제해야 합니다."

상식적으로 자신의 사업이 위험하다는 이야기를 하는 것은 어색한 일이다. 그럼에도 머스크는 결국 AI가 영화 〈터미네이터〉에 등장한 인공지능 '스카이넷(Skynet)'처럼 스스로 지능을 발달시키면서 우리가 통제할 수 없는 미래를 만들 것이라며 마냥 손 놓고 있어서는 안 된다고 했다.

이때 마크 저커버그가 반응을 보였다. 공식적인 기사도 아닌 자신의 집 마당에서 페이스북 라이브로 답장했다. 답변이라고 하기에는 카메라의 구도나 배경 모든 것이 그의 격정적인 감정을 그대로 전달했다. 그는 머스크가 무려 'Naysayers(습관적 반대론자)'라며 "최후의 날 시나리오를 고수하는 무책임한 사람이다"라고 비난했다. AI로 인간의 삶을 개선할 것을 이야기하는 대신에 이를 억누르고 발전을 저해하는 사람이라고 맹비난했다. 평소 인공지능을 통해서 사람들이 쉽게 연결되도록 하는 것을 가치로 하는 저커버그와 정반대의 입장을 낸 데 대한 비난이었다.

이런 언쟁이 있은 후 한 번쯤은 만날 법도 한데 공식적으로 만난 기록은 전무하다. 화해는 고사하고 비즈니스 영역이 겹침에도 불구하고 진전되는 모습이 없다. 그래서 미국의 저널 〈VICE〉에서는 심지어 'toddlers fighting(유아의 싸움)'으로 표현하기까지 했다. 그냥 재미로 봐야 하는 싸움인지, 의견이 다르다고 이렇게 감정적으로 해야 하는 것인지 지켜보는 사람들은 의아하기만 하다.

둘의 해결 방법이 다른 것에는 이유가 있다

머스크와 저커버그의 이야기는 마치 학창 시절 친구들의 싸움을 떠올리게 한다. 둘은 크게 다투는 듯하지만 결국 같은 이야기를 한다. 겉으로 보이는 문제가 '인공지능의 힘의 통제'일 뿐 '인공지능으로

같은 문제. 둘은 전혀 다른 입장이다.

인간의 삶을 더 나아지게 하는 것'이 주목적이다. 하지만 관점이 달라지면 문제도, 우선순위도, 접근방법도 달라진다.

둘의 관점은 왜 다를까? 걸어온 길에서 확연히 다름을 볼 수 있다. 머스크는 항상 미래에 대한 두려움을 보여주었다. 그가 테슬라를 설립한 이유도 돈이 아니다. 화석연료를 줄여서 인간이 지구에 머무를 수 있는 시간을 늘리기 위함이다. 태양광 사업 '솔라시티'도 같은 이유다. 결국 그는 스페이스X를 통해 인류가 화성에서 생존하는 것을 목표로 하고 그 시간을 벌기 위해 움직인다. 집착에 가까울 정도로 미래에 대한 두려움이 깔려 있다.

반면 저커버그는 알려진 것처럼 하버드 학생들이 서로에게 안부를 전하는 연결을 시작으로 사업을 시작했다. 엄청난 성장세로 사업이 커지자 친구들과 거침없이 하버드대학교를 뛰쳐나왔으며 본격적으로 사업에 뛰어든 실리콘밸리에서는 투자자들이 그의 자유분방함에 화가 나 그를 내쫓기도 했다고 한다. 그러나 저커버그는 자신을 쫓아낸 회사들의 회장 숀 파커(Sean Parker)를 만나 동업을 시작했다. 이런 경험은 그를 더더욱 '사람의 연결'에 꽂히게 했고, 문제가 벌어지면 일단 적용해본 후에 해결하는 마인드셋을 갖게 했다.

둘의 AI를 바라보는 시각은 전혀 다르다. 그렇다면 지금 그들은 어떻게 문제를 해결하고 있을까? 지금 두 CEO 모두 문제에 접근하는 단계에 있다. 아직 인공지능이 주는 두려움의 실체를 대하기보다는 미리 준비하는 과정에 있다.

머스크는 비교적 점진적이다. AI를 사회의 분란 없이 정착시키는 것에 집중하고 있다. 자율주행 AI뿐만 아니라 차량 안의 탑승자를 대하는 AI가 점점 현실화되고 있다. 그래서 장기적인 방법으로 소유한 사람이 공유 및 광고 서비스로 소득을 얻을 수 있는 구조를 적용하려 한다. 규제 속에서 기술을 정착시키는 변화를 꿈꾸고 있다. 반면 저커버그는 차세대 디프 러닝(Deep Learning)을 개발하고 있으며, 페이스북 코인이라 불리는 '리브라'를 정착시키기 위해 중앙은행과 싸우고 유럽 국가들의 로비에 힘쓰고 있다. 물론 AI를 활용하며 발생할 보안에 관련된 문제를 위해 페이스북의 AI연구소도 운영하고 있다. 매우 급진적인 스타일이다. 안정적으로 보이는 것은 본인의 추진력을 위한 최소한의 장치에 불과해 보인다.

내가 시작하면 그것이 기회다

두 사람의 이야기를 보며 무엇을 떠올렸는가? 그들은 미래를 그려나가는 지점에서 존경할 만큼 선도적이지만 문제에 접근하는 방법만을 보면 우리와 크게 다르지 않다. 지금보다 더 나은 상태를 만들고자 하는 본능도 같고, 문제를 해결하는 아이디어도 자세히 들여다보면 다를 바 없다. 예상되는 위험을 감지한 뒤 해결 뒤의 모습을 설계한다. 이것은 아이디어를 내는 전형적인 방법이다. 그저 엄청나게 크게 성공한 두 사람의 이야기여서 특별하게 보이는 것뿐이다. 하지만 우리와 무엇인가 다른 결정적인 차이는 어디에서 나타나는가? 자금력, 유명세, 실행력 등은 1순위가 될 수 없다. 그들이 특별해지는 결정적인 시작점은 자신만의 관점으로 문제를 본 데 있다.

우리의 삶에서 바라보자. 직장에서 사소한 불편함을 개선한 아이디어는 언제 떠올랐는가? 새로운 사업을 만들어내는 사람들은 무엇이 시작이었는가? 답은 명확하다. 나의 관점으로 문제를 본 경험이다. 나 없이는 아무것도 이루어지지 않는다. 문제의식은 나만 만들어낼 수 있다. 나의 것이어야만 힘이 실린다. 눈에 사소한 문제라도 보인다면 내가 그동안 관심을 둔 노력 끝에 만들어낸 선물임을 잊지 말고 소중히 메모할 필요가 있다. 지금 당장 해결 방법이 없어도 포기할 필요가 없다. 지금은 그 어떤 시대보다 자원이 많고 저렴하다. 게다가 꼭 내가 해결할 필요도 없다. 능력이 있는 사람들끼리 연결하는 것도 너무나 쉽다. 고민을 SNS에 올리기만 해도 사람들이 좋은 방법들을 알려준다. 문제를 성실히 고민하는 이미지의 퍼스널 브랜딩은 덤이다. 이런 모든 혜택을 갖는 사람의 특별함은 모두 문제에서 시작된다.

AI의 시대, 재미있는 문제해결

어린 시절 누구나 나를 대신해서 숙제해주는 아바타를 상상해본 경험이 있을 것이다. 이런 문제도 인공지능으로 해결이 가능하다면 믿겠는가? 벌써 우리는 간단한 AI로 상상 속 문제까지도 해결하는 세상에 살고 있다. 게다가 요즘은 초등학교 때부터 코딩과 AI를 배운다. 수년 안에 우리의 손에서 문제가 재미있는 방법으로 해결되는 세상을 볼 수 있다. AI 시대가 얼마나 가까워졌는지 살펴보자.

숙제해주는 로봇의 현실화, MRC와 Microsoft Math

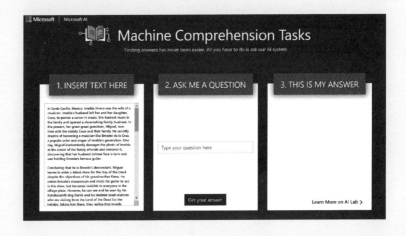

MRC는 언어를 인식해 문제를 푸는 인공지능으로, 언어와 수학, 문제풀이 서비스를 제공한다. 텍스트 원문을 넣고 두 번째 칸에 질문을 넣으면 답을 찾아준다. 실제로 토익의 문제를 넣고 문제를 넣으면 정답을 찾는다.

- https://machinereading.azurewebsites.net

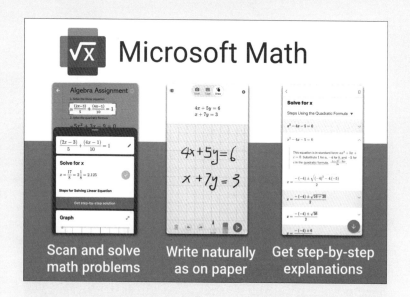

Microsoft Math도 MRC와 같은 시스템의 앱이다. 수학식을 넣으면 대신 풀어주

고 심지어 풀이 과정까지도 알려준다. 어렸을 때 동화책에서나 보던 숙제해주는 로

봇이 현실화된 모습이다.

손으로 그리면 코딩해주는 AI, Sketch2code

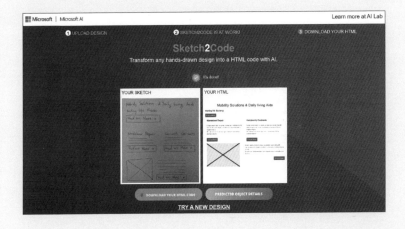

손으로 대충 그린 그림을 HTML 형태로 코드를 변경해준다. 어떻게 그렇게 판단했는지 설명도 나오고, 전체 코드를 내려받을 수 있다. 아직은 조금 부족해 보이지만 조만간 인간은 아이디어만 주고 기계가 만들어내는 세상이 코앞에 와 있는 것이다. 요즘 초등학교부터 코딩 교육이 열풍인데, 조만간 만드는 능력보다 아이들에게 상상하고 결과물이 맞는지 확인하는 교육이 더 적합해질 것 같다.

- https://sketch2code.azurewebsites.net

사진을 주면 소설을 써주는 AI, Pix2story

소설을 쓰는 AI는 가장 많이 시도되는 인공지능이다. 인간의 마지막 보루라고 여겨

지는 창의력마저도 '컴퓨터가 가능하게 수행할까?'라는 의문에 도전장을 내민 격

이다. Pix2Stroy는 사진 한 장을 선택하면 장르별로 짤막한 이야기를 만들어준다.

조만간 장편소설을 만드는 것도 가능하지 않을까?

- https://pix2story.azurewebsites.net

소수의 인재만
살아남는 시대

유튜브는 정말 일자리를 만들어냈나?

주변에 '유튜브나 한번 해볼까?'라는 생각을 안 해본 사람이 없다. 내가 다니는 회사를 포함해서 방문하는 곳마다 방송용 스탠드 마이크가 하나씩은 다 있다. 유튜버는 이제 비즈니스를 넘어 초등학생의 워너비 직업이 된 것은 물론 직장인들도 유튜브를 통해 '일발 역전'의 시나리오를 꿈꾸고 있다. 그야말로 대세다. 한 분야의 스타가 되고 억대 연봉을 꿈꾸는 것. 이런 성공에 도전하는 것이 이상하게 들리지 않는다. 하지만 의심해볼 필요가 있다. 정말 유튜브는 우리에게 기회를 만들어주었는가?

구글이 유튜브를 인수한 지 벌써 15년이 지났다. 당시 1조 8천억

원에 인수했지만 현재 약 100배 성장한 200조 원 이상의 가치로 평가받는다. 2019년에는 광고 매출로만 18조 원을 기록했다. 반면 빛이 있으면 그림자가 있는 법이다. 같은 15년이라는 세월 동안 방송사의 광고 매출은 반토막이 났다. 1인 방송 채널 '보람튜브'의 하루 수익이 MBC의 하루 수익과 비슷하다. 그 어느 기업보다 힘이 대단했던 방송사들이 이제 유튜브의 채널로 들어가는 웃지 못할 변화가 당연해졌다. 유튜브 다음으로 우리에게 다가올 전기차, AI 등 새로운 시대의 새로운 변화들은 우리의 세상을 어떻게 변화시킬까? 결과는 매우 부정적이다.

다음의 그림은 단순 통계에 불과하지만 우리에게 명확한 방향을 보여준다. 자동차 산업혁명이 있었던 1970년 GM은 무려 80만 명 이상을 고용하고 110억 달러를 벌어들였다. 반면 2012년 인터넷/정보 혁명의 상징인 구글은 160억 달러를 벌어들이는 데 5만 8천 명의 직원으로 충분했다. 산업이 고도화되며 한 명이 창출하는 가치가 약 20배 차이가 나기 시작한 것이다. 한걸음 더 나아가 2016년 스트리밍 산업혁명의 상징인 넷플릭스는 겨우 4,500명으로 90억 달러를 벌어들였다. 1970년의 GM과 비교하면 200배의 차이가 존재한다.

단순하게 비교해봐도 산업이 발전할수록 일을 하는 사람은 줄어든다. 일을 하는 사람은 줄어들었지만 일을 하는 사람의 가치는 비교 불가하게 커진다. 이것을 경제학에서는 '숙련 편향적 기술진보'라고 부른다. 복잡한 지식이나 창의성을 요하는 일자리의 가치는 올라가고 누구나 할 수 있는 일자리는 사라지거나 낮은 보상을 받을

일자리는 점점 줄어들고,
살아남은 사람들이 많은 가치를

수밖에 없다. 이것이 눈앞의 현실이고 경제학의 가장 기본 원리다. 막연하게 새로운 산업이 새로운 일자리를 만들어낸다는 긍정적인 기대는 접고 우리의 바늘구멍을 직시해보자. 누가 들어갈 것인가?

대학을 보면 어떤 인재를 원하는지 보인다

미국 서부의 애리조나주립대학은 파티 스쿨(Party School)이라는 불명예스러운 별명을 달고 있는 학교였다. 1987년부터 2012년까지 25년간 미국 성인잡지 〈플레이보이〉에서 선정하는 톱 파티 스쿨 랭킹에서 빠지지 않는, 그야말로 핫한 학교였다. 하지만 단 5년 만에 다른 의미에서 핫한 학교가 되었다. 2015년 'U.S News & World Report'에서 발표한 '미국에서 가장 혁신적인 대학' 1위에 랭크되며 미국 대학 혁신의 상징으로 자리 잡게 되었다. 더욱 경이로운 것은 해당 랭크에서 2위가 스탠퍼드대학교, 3위는 MIT(매사추세츠공과대학)였다는 사실이다.

이 학교의 가장 눈에 띄는 변화는 두 가지다. 첫 번째 가장 큰 변화는 모든 강의를 프로젝트화한 것이다. 애리조나주립대학은 문제 해결 프로젝트 '프로모드(ProMod)'를 모든 신입생에게 필수과목으로 설정했다. 세상 속의 실제 문제(Real-World Issue)를 과제로 무엇이든지 해결해도 되는 콘셉트다. 결국 이를 통해 모든 교육과정의 지식들이 실제 변화를 위한 움직임으로 연결되도록 했다. 지역사회의 문제 그리고 산업체와의 협력을 통해 문제를 해결하다 보니 학생들의 흥미는 물론이고 대학의 사회진출 성과도 완전히 달라졌다는 평가를 받았다.

두 번째 변화는 학생이 중심이 되어 어떤 문제든 접근하도록 변화했다. 우주의 미래, 죽음과 같이 세상에 답이 없는 문제를 전공 수업에 적용했다. 모두가 연구자이고 모두가 해결사가 될 기회를 부여했다. 과감하게 69개 학과를 통폐합해 '학제융합학과'를 개설했다. 학생들은 문제를 해결하는 프로젝트를 하고 교수들은 코치의 역할을 수행한다. 책 속의 지식이 아닌 미래의 문제를 경험해보는 것이다.

> "다양한 학생들이 다양한 관점에서 새로운 문제를 제기하고
> 새로운 해결책을 찾는 것에 집중하는 혁신적인 작업을 했습니다."
> - 2019년 마이클 크로 총장 내한 인터뷰 중

대학은 인재를 성장시키는 곳이다. 그리고 대학의 교육 시스템은 곧 가까운 미래에 어떤 인재를 기대하는지를 보여준다. 애리조나주립대의 변화는 이미 모든 대학들이 따라가고 있는 대세다. 우리가 이런 혁신적인 성과를 보며 읽어야 할 방향은 명확하다. 대학들은 지식의 요람이라는 타이틀을 버리고 '실제로 의미 있는 것 (Practical Output)'에 집중하고 있다. 우리도 단순한 지식이나 스펙이 아닌 실제로 가치 있는 것을 해결하는 능력에 집중하는 것이 너무나 자연스러운 흐름이다.

세상은 문제해결형 인재가 목마르다

사무실의 책상 위 모습이 하루하루 다르다. 구글 드라이브, 반디와 같은 스마트 업무 툴이 이제야 익숙해지고 있는데 요즘은 로봇비서(RPA, Robotic Process Automation)까지 등장했다. 심지어 파워포인트 수준에다가 무료다. 몇 시간만 투자하면 월요일 아침 주간 업무보고나 부서별 데이터 취합처럼 매일 출근 후 30분을 허비했던 일들을 간단히 자동화할 수 있다. 점점 시간이 갈수록 업무의 효율이 상상을 초월한다. 이런 변화는 계속될 것이다.

이러한 변화는 표면적으로는 기업에 유리해 보이지만 실상은 그렇지 않다. 기업 입장에서 살펴보자. 단순한 일이 없어지면서 단순한 채용이 사라졌다. 그로 인해 새로운 인재들을 성장시킬 초원도 사라진 셈이다. 지금까지 기계가 처리하고 있는 대부분의 단순한 일들은 현장에서 인재들이 경험을 쌓는 트레이닝 센터였다. 그곳에서 성장하는 인재들을 보며 다양한 테스트도 가능했고, 실패도 가능했다. 그곳에서 우리는 후배들의 문제해결력도 검증이 가능했지만 이제는 이런 작은 일을 통한 전통적인 빌드(Build) 방법이 어려워졌다.

또한 단순한 능력들이 필요 없어진 만큼 인재에게 복잡한 능력을 요구해야 한다. 이는 인재들에게만 곤란한 것이 아니다. 기업 역시 곤란하다. 기업은 누구를 채용할 것인가? '시켜만 주시면 열심히 하겠습니다'는 소용없어졌다. 다양한 변화의 문제를 받아들이는 사람들을 찾을 수밖에 없다.

삼성경제연구소에서 발간한 《4차 산업혁명, 일과 경영을 바꾸

	지금까지의 인재상(As-is)	앞으로의 인재상(To-Be)
요구 역량	정해진 일에 대한 성실성	다양한 변화에 대한 창의적 문제해결
사고방식	아날로그적 사고	디지털 사고 (디지털 리터러시)
행동 목표	효율성	가치 지향
전문성과 협업	좁은 범위의 전문적 능력	전문가 간의 협업 능력

다》에서는 앞으로의 세상에서는 다양한 변화에 대한 창의적 문제해결 그리고 다양한 전문가 간의 협업을 이끌어낼 수 있는 능력이 필요하다고 강조한다.

분명한 것은 문제해결력 중심의 변화를 달갑게 받아들이는 인재를 기다리고 있다는 사실이다. 하나은행 연수원에서는 주니어급의 내부 직원들에게 필수 의무교육을 대폭 줄이고 자신의 경력과 문제해결력을 유연하게 선택하도록 했다. 시키는 학습이 아니다. 문제를 자발적으로 감지하고 발전하는 사람들에게 기회를 주는 것이다. 이는 중장기적으로 변화를 감지한 직원들의 자발적 성장을 유도한다. 변화를 감지하지 못하면 도태될 것이다.

심지어 공공기관에서도 문제해결형 인재에 대한 요구가 보인다. 서귀포시에서는 현장에서 필요한 능력을 공무원이 자발적으로 선택하고 배우는 프로그램 '배워사대'를 운영한다. 흥미로운 점은 이 프로그램 역시 7~9급 공무원들이 기존 프로그램의 문제를 해결하고자 제안한 데서 나왔다는 사실이다. 고정된 규칙이 우선시될 것 같은 공공기관마저 변화하는 시대의 흐름을 따라간다. 그야말로 문제해결력은 시대의 숙명이다.

아직도 당신에게 문제해결력이라는 단어가 생소할 수 있다. 하지만 분명히 알아야 할 것은 문제해결력이라는 단어가 눈에 띄게 많이 등장한다는 점이다. 기업과 기관의 교육 프로그램 제안요청서(RFP)에는 혁신이라는 단어가 줄어들고 문제해결력이라는 단어가 증가한다. '자사맞춤 문제해결력'을 개발해달라는 요청이 있고, 문제해결 학습공동체(CoP), 문제해결 액션러닝, 문제해결 회의전문가가 존재한다. 문제해결력을 보여주는 것이 자신을 어필하는 가장 확실한 시대임이 틀림없다.

문제해결력이
나를 결정한다

자동차를 대하는 두 사람의 자세

작은 자동차에서 삐걱 삐걱 소리가 났다. 아파트 언덕이나 과속방
지턱을 넘을 때면 신경이 곤두설 정도로 소리가 들렸다. 마침 회사
로 찾아온 방문서비스 직원이 봐주겠다고 했다. 잠깐 운전해보곤
스프링을 갈아야 하니 공업사에 들르라고 했다. 지금까지 꽤나 스
트레스를 받던 차라 '시간 나면' 꼭 교체해야겠다고 마음먹었다. 하
지만 늘 그렇듯 '시간 나면'은 다시 돌아오지 않는다.

어느 날 퇴근길에 근처 주유소에 들렀다. 삐걱 소리를 들은 주유
소 사장님이 차에서 소리가 난다기에 이렇게 대답했다.

"스프링 교체하면 없어진대요."

그랬더니 무슨 스프링이냐며 본인이 함께 운영하는 정비소에서 보자고 했다. 상술인가 했지만 비교도 해볼 겸 따라갔다. 한 5분쯤 지났을까? "한 바퀴 돌고 오세요"라고 한다. 어라? 소리가 안 난다. 그러자 그 정비소 분이 이렇게 말했다.

"조이고 기름 치면 되는 게 자동차 아니겠어요?"

문제를 정확하게 보는 시야

두 전문가의 솔루션은 완전히 달랐다. 한 명은 '부품'을 교체하는 것으로, 다른 한 명은 부품을 '조이는' 것으로. 그때부터 나는 회사로 오는 방문 서비스를 불신하고 그 주유소의 입소문을 내는 단골이 되었다. 주유소 사장님이 처음부터 이런 큰 그림을 그리고 나에게 접근한 것인지는 모르겠지만 그것은 지나친 음모론인 듯하다. 문제를 바라보는 시선과 그 간결함에 그날 나는 내 자동차 문제의 최고 전문가로 완전히 인정한 것뿐이다. 주유소 사장님은 당장의 수익만 보지 않았다. 나의 문제를 보는 눈도, 고객을 보는 눈도 한 차원 높게 느껴졌다.

우리는 어디서든 이런 크고 작은 선택을 한다. 내가 선택하기 어려운 몇 가지를 제외하곤 모든 것은 나의 뜻에 따라 바꿀 수 있다. 하지만 나의 자동차 전문가 주유소 사장님처럼 다른 선택과 넘을 수 없는 차이를 만드는 작지만 강력한 한 방을 날리는 사람들이 있다. 이 차이는 문제를 정확하게 보고 있는 것과 아닌 것에서 온다.

돈이 되는 시나리오를 만드는 임 작가

어렸을 때부터 외계인이 있다며 SF소설을 쓰던 임 작가. 친구들은 당연히 작가라는 직업은 돈을 못 버는 직업이라고 그를 걱정했다. "영화나 드라마의 몇몇 스타 작가들이나 돈을 버는 거지 무슨 소설가가 돈을 벌어? 그리고 SF는 한물 간 분야 아니야?"라고 이야기하곤 했다.

임 작가 자신도 걱정했을 것이다. 신인 작가의 작품을 누가 사서 보겠는가? 경력을 쌓아가는 것마저도 힘든 것이 당연하다. 힘든 신입 시절 그는 자신의 직업을 다시 보는 전환점을 맞이했다. 문제의 정의를 바꾼 것이다. '소설을 쓰는 작가'가 아니라 '필요한 시나리오를 만들어주는 작가'로 바꾸었다. 그 후 임 작가는 더 이상 신인이 아니었다. 우리나라를 대표하는 〈뽀로로〉, 〈마법천자문〉과 같은 애니메이션 제작회사의 콘텐츠 제작을 도우며 프로의 세계로 단번에 들어갔다. 자신의 능력이 필요한 사람에게 맞춰 문제의식을 바꾼 순간 그의 길이 달라졌다. 그렇게 프리랜서로서 경력이 쌓이니 임 작가의 소설 판권도 팔리기 시작했다. 지금 그의 소설은 기획사에 팔렸고 넷플릭스의 〈킹덤〉을 잇는 좀비 드라마가 되기 위해 노력 중이다. 이처럼 자신의 직업에 대한 문제를 다시 정의하는 것은 매우 강력한 힘을 발휘한다.

무엇을 위한 일인지 아는 신입사원

신입사원이 가장 빠르게 치고 나가는 첫 단추는 '내가 하는 일이 어떤 문제를 해결하고 있는가?'를 캐치하는 것이다. 모든 신입사원이 면접 때는 화려한 포부를 밝히지만, 막상 자리에 앉아보면 자신이 어떤 일을 하는지 하나도 모른다. 당연하다. 눈앞에 있는 컴퓨터부터 옆에 앉아 있는 사람까지 모두 처음 보는데 어찌 알 수 있겠는가. 직장 드라마 주인공의 모습은 소설일 뿐이다. 다른 사람들은 아무것도 몰라서 방황하는 동안 무엇을 해결하는 일인지 정의하고 나면 다른 선배들의 일도 무엇을 하고 있는지 보인다.

대형마트에 취업한 신입사원이 선배로부터 "11월에 판매된 상품하고 창고 수량 확인해서 입력해요"라고 첫 업무를 받았다. '역시 작은 일부터 시키는구나' 정도로 생각하고 '단순히 입력하는 일'로 파악하면 입력을 잘하는 것에만 집중할 것이다. 하지만 '12월 판매를 위해서 물건을 관리하는 일'로 바라보면 11월 판매 수량만큼 물건이 남아 있는지, 지난달과 수량 변화가 없는 물건이 있는지가 눈에 보인다. 앞으로 몇 년간 동기들보다 자신이 앞서나갈 수 있는 포인트들이 눈에 들어온다.

퇴근시간이 되었다. 선배가 "뭐 질문할거 없어요?"라고 했을 때 이 신입사원은 어떻게 대답할까? "아직 처음이라서 잘 모르겠어요"와 "재고가 하나도 안 나간 물건이 있더라고요"라고 이야기하는 사람의 첫 인상은 완벽하게 다르다. 아마 그 차이는 눈 굴러가듯 점점 커질 것이다.

일의 가치를 키우는 김 대리

이제 슬슬 일도 알 것 같고, 정말 다른 사람들을 '대리'해 의사결정하기 시작했다. 일머리가 잡힌 만큼 문제를 읽는 눈이 점점 필요해지는 시점이다. 그동안 했던 일들을 다시 해석해보기 좋은 타이밍이다. 특히 손실이 나는 부분은 항상 모두가 주목하고 개선하려고 노력한다. 하지만 주기적으로 반복되거나 평이하게 흘러가는 부분을 재해석하면 해결해야 하는 문제가 보인다.

김 대리는 화이트닝 상품을 주력으로 하는 회사에 다니고 있었다. 매년 '봄철 벚꽃 마케팅'을 진행해왔는데 작년에도 아무 문제없이 진행한 김 대리에게 프로젝트를 맡겼다. 사실 아무도 뭐라고 안하니 작년에 했던 일을 그대로 진행하면 된다. 마케팅이 당장 판매 실적에 눈에 띄는 것도 아니다. 그런데 갑자기 의문이 들었다. '왜 꼭 벚꽃 마케팅이어야 하지? 벚꽃 지고 나면 잊히는 거 아니야?' 고민 끝에 문제를 다시 정의해보니 '벚꽃을 보러 온 사람에게 홍보하는 문제'가 아니라 '봄에 밝은 시작을 하는 제품으로 기억되게 하는 문제'로 다시 조정했다.

그렇게 생각하고 보니 매년 하듯 벚꽃 축제에서 비싼 비용으로 할 활동이 아니었다. 이미 다른 상품으로 화장을 다 한 사람들이 샘플만 받아갈 뿐이다. 급히 일정을 당겼다. 화사한 시작을 위해 첫 출근, 첫 데이트, 모든 처음의 첫 인상을 환하게 만들어주는 온라인 콘텐츠 마케팅으로 전환해서 예산을 쓰기로 했다. 바로 판매에 직결시켰다. 성과가 나서 기존에 하던 벚꽃 축제도 참가하기로 했는데

'벚꽃보다 네 얼굴이 더 밝아'라며 제품 콘셉트에 집중하는 문제로 다시 바라보게 되었다. 이처럼 큰 차이는 늘 하던 일들에 숨어 있을 수 있다. 이제는 꺼져버린 불도 다시 보자.

같은 곳을 향하게 하는 프로젝트 마스터 박 팀장

입사 7년 차 박 팀장은 프로젝트 마스터를 맡기 시작했다. 일을 새롭게 하는 게 어렵지 않은데 새로운 팀원들과 함께 일을 조율하는 것이 더 어렵다. 유행한다는 스크럼(Scrum), 애자일(Agile) 등 많은 교육을 받아보았지만 막상 실행해보려면 생각대로 안 된다. 그렇다고 전체를 계획해서 팍팍 찍어 내리자니 팀의 분위기는 더 대충대충이 되어간다. 어떻게 해야 할까?

박 팀장은 '고객접점 문제개선 프로젝트'를 맡았다. 예전 같았으면 프로그래밍이 가능한 부분을 찾아서 세부 주제를 정했겠지만 프로젝트는 '함께 해결하는 문제'라고 생각을 바꾸었다. 애초에 주제 설정을 팀원들에게 맡기고자 "우리 프로젝트가 언제 필요한 걸까?"라고 물었다. 팀원들이 '그것을 왜 나한테 물어?'라고 생각할까 두려웠지만 팀원들의 반응은 예상과 달랐다. "악성 어뷰징 신규 회원 무작위 생성을 막아야죠!", "지난달 쿠폰 이벤트로 트래픽이 터졌을 때 난리났잖아요.", "주문정보 탈취시도가 시급하지 않아요?" 역시 모여서 이야기하니 다양한 이야기가 나온다. 그리고 박 팀장은 문제를 구성원들에게 한 단계 더 오픈한다.

"자, 하나만 해보자. 다 할 수 없으니 뭐부터 할까?" 팀원들에게 물었다. 팀원들은 아웅다웅하다 그들의 손으로 문제를 직접 결정했고 합의했다. 긴급 이슈가 발생했을 때 결과물의 변경 없이 코드의 구조를 재조정하는 '리팩토링(Refactoring) 권한 확대'를 결정했다. 프로그램을 새로 개발해야 할 줄 알았는데 권한 조정하는 프로젝트로 완전히 문제가 바뀌었다. 팀원들은 조직 운영에도 관심을 갖게 되었고 팀 분위기도 훨씬 좋아졌다.

결국 프로젝트는 함께하는 문제해결이다. 함께 결정하면 같은 시선으로 달려갈 수 있다.

Chapter 2

—

문제를 다르게 보는
마인드셋을
장착하라

"문제 자체는 문제가 아니야.
그 문제를 대하는 너의 태도가 문제지."

- 캡틴 잭 스패로, 〈캐리비안의 해적〉

Growth Mindset,
극복하면 성장한다

우리는 커피숍에서 메뉴를 고른다거나, 배송료를 아끼기 위해 금액을 비교한다든가 하는 것 등 해결하기 쉬운 문제들을 문제로 느끼지 못한 채 처리하곤 한다. 이런 문제들은 예전에 선택했던 대안을 선택하더라도 큰 차이가 없다. 이 세상의 모든 문제들을 이렇게 처리할 수 있으면 우리는 얼마나 행복할까? 하지만 우리는 끊임없이 해결되기를 바라는 욕심쟁이 인간들이다. 모두에게 지금보다 더 나아지고자 하는 본능이 있다. 그래서 우리는 아무런 변화나 발전이 없는 상태 대신 원하는 모습을 달성하거나 유지하는 과정들이 원하는 대로 흘러가는 것을 문제가 없다고 말한다. 하지만 언제나 우리의 작전은 예측하지 못한 다른 이슈들을 만나는 순간 무효화된다. 결국 우리는 한 단계 높은 곳에 가기 위해 예측하지 못한 문제를 극복해야 한다. 이때 성장 지향 마인드(Growth Mind-set)가 필요하다.

어떤 사람이 목표에 도달할까?

스탠퍼드대학교 심리학과의 세계적 석학 캐럴 드웩(Carol Dweck) 교수는 저서 《마인드셋》에서 성공을 이끌어내는 사람들의 가장 큰 차이를 '스스로 자신의 재능과 능력에 대한 태도'라고 말한다. 최고가 된 사람들이 보여준 노력과 근성 그리고 문제해결력에 가장 큰 영향을 주는 것이 바로 '아직 성장할 수 있다는' 성장 마인드라는 것이다.

고정형 마인드셋을 가진 사람은 '자신의 능력이 한정되어 있다'고 생각한다. 그래서 다른 사람에게 인정받기 위해 나를 증명하는 것에만 집중한다. 이들은 실현 가능성이 높은 일마저도 기존의 방법을 고수하려는 성향에 맡기려 한다. 따라서 노력을 들이지 않고도 이룰 수 있는 성공을 선호하고, 반대로 실패했을 때의 노력을 비교적 하찮은 것으로 여긴다. 그래서 실패 과정에 대한 학습이 일어나지 않아 현재의 수준에 정체되고 기회를 놓치게 된다.

반면 성장 마인드셋을 가진 사람은 '자신의 능력은 성장할 수 있다'라고 믿는다. 새로운 문제를 받아들이는 것에 익숙하다. 지금의 나는 단지 출발점일 뿐이고, 도전을 향상시키는 과정으로 받아들인다. 노력을 자신을 성장시키는 도구로 받아들이기 때문에 실패는 자극이고, 그것을 학습으로 전환하는 능력이 생기게 된다. 그래서

성장 마인드는 어려운 문제해결의 상황일수록 빛이 난다.

문제해결을 위한 세 가지 요소

캐럴 드웩 교수가 저서에서 설명한 긍정적 결과 그리기, 겸허한 수용과 같은 심리학적인 다양한 방법도 효과적이다. 하지만 지금은 문제해결 상황에서 활용할 수 있는 요소만을 제안하고자 한다.

문제해결의 상위 목적(Higher-Purpose)에 집중하라

문제를 해결하는 과정에는 많은 변수가 등장한다. 이로인해 우리는 많은 계획들을 수정하거나 포기한다. 이때 목표를 조정하다 보면 쉽게 달성할 수 있지만 기존에 계획했던 수준에는 도달하기 어려워진다. 또 자신도 모르게 상황을 합리화하고 고정형 마인드셋을 갖게 할 수도 있다. 이때 목표보다 목적을 명확히 하면 목표를 수정하지 않고도 도달 방법을 수정하며 극복할 수 있다. 예를 들면 '10kg을 빼는 것'에 집중하기보다 '내가 면접을 보기 위해 보기 좋은 상태가 되는 것'으로 바꾸거나 '홈페이지를 리뉴얼하는 것'보다 '사용자가 오래 머물도록 하는 것'으로 바꿔서 생각하는 것이다.

문제해결 과정을 회고(Retrospective)하라

문제해결은 대부분 예상하는 것보다 오래 걸린다. 때때로 나타나는 갈등이나 의사결정의 어려움 때문에 구성원들의 심리적 대미지도 상당하다. 축적되고 쌓이다 보면 서로 싸우느라 문제해결의 본질을 보지 못하기도 한다. 대부분의 프로젝트가 능력이 없어서가 아니라 이런 피로도 때문에 망가진다. 이를 방지하기 위해서 매번 프로젝트의 단위 미팅이 끝날 때마다 함께 하루를 돌아보는 회고할 것을 적극 추천한다. 오늘 있었던 일들을 함께 돌아보며 잘하는 부분과 아쉬운 부분을 이야기하면 그때그때 불만을 풀어줄 수 있다. 또한 프로젝트 내용 중 오해가 있는 내용을 명확히 공유해 프로젝트의 질을 끌어올려준다. 무엇보다도 회고의 가장 중요한 점은 서로 잘 하는 것을 격려하고 아쉬움을 토로하며 프로젝트 팀이 성공할 수 있는 성장 마인드셋을 자리 잡게 하는 것이다.

문제해결 결과의 내재적 보상(Internal Rewards)을 상상하라

기업의 신사업을 자리 잡게 하는 일, 경영대학의 석-박사 과정, 아이를 육아하는 일 등 나에게 큰 효과를 주는 일일수록 장기 프로젝트인 경우가 많다. 그러나 이 일들은 모두 한순간에 끝나지 않는다. 그만큼 포기하고 싶은 마음이 하루에도 수십 번 왔다 갔다 할 것이다. 이때 가장 의미 있는 것은 나에게 그 보상이 어떤 의미가 되는지 강화하는 것이다. 단순하게 외재적 보상을 그리는 것보다는 정말 그것이 어떤 의미인지를 보는 것이 필요하다. 외재적 보상은 포기하면 그만이다. 외재적 보상만을 바라면 '돈 천만 원 없어도 잘 살아', '뭐 귀찮게 그것까지 해'라는 핑계들을 대며 그만두기 쉽다. 그러나 내재적 보상은 강하다. '나의 사회적 위상을 바꾼다', '아버지로서 부끄럽지 않은 삶' 등 내재적 보상을 그리면 그것을 부정하기 쉽지 않다. 게다가 우리가 가장 공부하기 싫을 때가 언제인가. '엄마가 공부하라고 할 때' 아닌가? 이와 반대로 자기 자신이 결정한 의미는 유인하거나 강제하는 방해 요소가 없어 더더욱 강하다.

조직이 갖는 성장 지향 마인드에 대한 다섯 가지 오해

성장형 마인드셋처럼 인기가 많은 개념들은 많은 조직에서 유행하고 받아들여진다. 안타까운 것은 이 과정에서 이론이 가지고 있었던 철학이나 맥락은 제외하고 겉으로 보이는 기법만 따라 하다가 결국 실패하는 일이다. 성장 지향 마인드를 제대로 활용하기 위해서는 오해하기 쉬운 요소를 명심할 필요가 있다. 이에 대해 〈하버드 비즈니스 리뷰〉에서 20개 이상 기업의 인적자원 담당자를 통해 성장형 마인드셋이 잘못 적용될 수 있는 몇 가지 상황을 정리했다. 우리 조직을 위해 한번 생각해보자.

성장 마인드를 성과로 판단할 수 있다고 생각한다

일부 리더는 비즈니스에서 성장 마인드를 성과로 측정하지만, 실제 성장 마인드는 기존의 방식을 개선하거나 그런 노력을 통해 배워나가는 개인과 조직의 믿음이다.

성장 마인드는 시스템이 아닌 개인의 것이라고 생각한다

성장의 사고방식이나 태도를 사람의 것으로만 한정 지을 수 있다. 비즈니스는 자체적으로 '생각'하거나 '태도'를 가질 수 없는 무기체로 볼 수 있지만, 통상 우리는 조직을 유기체로 바라본다. 그래서 결국 시스템이나 조직에도 성장 마인드의 세팅이 가능하다. 리더가 특정 습관이나 관행을 지속적으로 제공하면 그것이 문화가 되듯 비즈니스 자체로 성장 마인드를 발현할 수 있다. 직원이 성장하지 않는다고 해서 개인의 책임으로만 돌려서는 안 된다.

성장 마인드를 '무엇이든 할 수 있다'라는 뜻으로 생각한다

팀원에게 "누구나 할 수 있는 일이야"라는 말이 어떻게 받아들여질까? 성장 마인드를 빙자하여 하는 칭찬이 과연 어떻게 전달될까? 말하는 사람의 태도나 평소의 화법에 따라서 업무 수행을 요구하는 것으로 느껴질 수 있다. 이것은 효과 없는 무한한 부담으로만 작용할 수 있다. 실제 인터뷰에서 직원들이 성장 마인드를 강요받을 때면, 자신이 왜 고용되었는지 자신이 추구해야 하는 가치가 무엇인지에 대한 고민이 흐려진다. 성과 측면에서도 동기부여 측면에서도 매우 부정적이다.

성장 마인드를 있거나 없는 이진법으로 생각한다

흑백논리는 항상 간단하다. 하지만 대부분 틀리다. 사람들에게 성장 마인드는 상황에 따라 크게 작용할 수도 반대로 작게 작용할 수도 있다. 성장 마인드는 상태에 따라서 움직이는 에너지와 같다. 있다/없다의 개념이 아니다. 하지만 우리는 다른 개념에서도 이와 유사한 판단 미스를 하기도 한다. 그래서 우리는 자신의 고정된 사고방식을 알아야 한다. 그리고 그것을 재구성하는 노력이 필요하다. 만성적이고 습관적인 사고방식은 주의해야 한다.

성장 마인드를 긍정의 태도만으로 생각한다

많은 리더들이 성장 마인드셋을 구성원들을 꾸짖는 데 사용한다. 이는 효율성을 오히려 떨어뜨리는 결과를 가져온다. 그가 할 수 있다는 믿음을 갖게 하는 것이 중요하다. 성장 마인드는 직원들이 무한히 해내야 한다는 의무를 지게 하는 도구가 아니다.

Flexible Mindset,
사고가 유연해지는 순간

복잡한 세상에서 살아남는 방법

한 명의 천재와 여덟 명의 공범이 스페인 중앙은행을 습격했다. 물론 드라마 속 이야기다. 한 명의 천재는 모든 경우의 수를 계산해두고 모든 상황을 통제하는 듯 보인다. 하지만 실제로 그렇게 흘러가지 않는다. 대부분의 좋은 시나리오 속에서는 항상 예상치 못한 수많은 폭탄들이 터진다.

우리의 삶도 다르지 않다. 우리는 많은 것을 통제하는 것 같지만 통제하지 못하는 것이 훨씬 많다. 이런 완전한 질서가 없는 마구잡이의 상호작용이 연속되는 지금의 세상을 알 수 없는 복잡한 세상, 줄여서 '복잡계'라고 부른다. 우리는 이 복잡한 이 세상에 어떻게 적응하며 살아가야 할까? 유연하게 상황을 읽고 받아들이는 마인드가 필요하다.

유나이티드가 내 테일러 기타를 부쉈다네

모 캐나다 밴드의 멤버였던 데이브 캐럴(Dave Carroll)은 공연을 위해 유나이티드 항공을 이용하게 됐다. 자신의 테일러 기타를 수화물로 부치고 비행기에 탔는데, 창문 밖으로 공항 직원들이 짐을 마구 던져대는 모습을 보고 불안감을 느꼈다. 승무원에게 기타를 주의해서 실어달라고 이야기했지만 "Sit Down!"이라는 강압적인 반응만 돌아왔을 뿐이었다.

아니나 다를까 도착해보니 기타의 넥이 부러져 있었다. 흥분했지만 그는 급하게 기타를 수리하고 공연을 마쳤다. 이후 그는 수리비를 보상받기 위해 유나이티드에 끈질기게 클레임을 걸었으나 9개월 이후 '항공사 규정상 불가함'으로 통보받은 것이 전부였다.

그는 항공사가 보상을 해줄 생각이 없음을 확신하고 유튜브에 〈United Breaks

〈United Breaks Guitars〉라는 노래가 유튜브에 올라간 다음 유나이티드 항공의 주가는 10% 정도 하락했다.

Guitars〉라는 노래를 업데이트했다. 그리고 나흘 뒤 유나이티드의 주가는 10% 정도가 하락했다. 이는 한화로 약 2,100억 정도의 금액이다.

항공사는 정해진 매뉴얼대로 했는데 무엇이 잘못되었나?

승무원, 열차 팀장 협의 규정 때문에 대피를 늦추다

2018년 강릉역을 출발해 서울역으로 향하던 KTX열차가 출발 10분 만에 탈선했다. 열차는 다행히도 모든 객차가 쓰러진 것이 아니라 앞차만 탈선해 구부러진 모습으로 멈췄다. 앞 차량의 처리가 급해서 때문이었을까? 기울어지지는 않았지만 뒤의 호차 승객들은 승무원의 안내가 없어서 스스로 출입문을 직접 열고 나가기도 했다.

더 큰 문제는 앞 차량에서 나타났다. 1, 2호차의 승객들은 대피 명령을 받았고, 3호차의 승객들은 기다리라는 전혀 다른 안내를 받았다. 사고 당시 1, 2호차에는 열차 팀장이 동승해 있었고, 3호차에는 승무원이 동승해 있었다. 그렇다면 승무원의 판단 미스일까? 아니다. 승무원은 매뉴얼을 너무나 정확하게 숙지하고 있었다. 승무원은 안전에 대한 권한이 없이 서비스만을 수행하는 자회사 소속이었다. 안전과 대피에 관한 권한은 오직 열차 팀장에게 있었다.

아무리 승무원이 무전을 해도 본사에 비상 상황을 전달하는 팀장에게는 무전이 전달되지 않았다. 다행히 더 이상의 사고 없이 승객들은 대피를 마쳤지만 권한과 매뉴얼을 이유로 사람들의 안전을

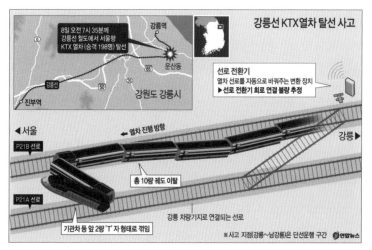

출처: 연합뉴스

포기한 아찔한 사건으로 남게 되었다. 사건이 마무리된 후 대통령 담화에서 "혹시 승객의 안전보다 기관의 이윤과 성과를 앞세운 결과가 아닌지 살펴봐달라"는 메시지까지 나왔다. 많은 국민들 역시 시스템의 불안함을 감지했다.

분명 정해진 매뉴얼대로 했는데 무엇이 잘못되었나

두 케이스 모두 이렇게 될 것이라고 예상한 사람은 한 명도 없을 것이다. 그렇다면 승무원의 잘못인가? 아니면 승객이 잘못한 것인가? 두 승무원의 입장을 살펴보자. 지시받은 매뉴얼을 그대로 따랐다. '아무리 매뉴얼이 그래도 상황 판단을 해야지'라고 말할 수 있겠지만 과연 내가 저 자리에 있는 승무원이라면 그렇게 할 수 있을까? 매뉴얼을 따르지 않아서 발생하는 모든 책임은 승무원 자신에게 돌아온다.

그렇다면 그 매뉴얼을 쓴 사람의 잘못일까? 그렇다면 매뉴얼을 준비하는 사람은 세상 모든 상황을 다 읽어야 할까? 그 어느 누구도 세상 모든 일을 예측할 수 없다. 여기서 우리가 고민해야 하는 것은 '문제의 최전선에 있었던 승무원이 문제해결에 풍덩 뛰어들도록 하려면 어떤 마인드가 발현되도록 해야 할까'다.

사람은 안전을 느낄 때 유연함이 발휘된다

정원에 있는 돌멩이는 당신에게 어떤 도구인가? 장식용일 수도 있고, 나무를 키우는 사람이라면 수분이 날아가지 않게 하기 위함일 수도 있다. 반면 어렸을 때 땅에 떨어져 있는 돌멩이는 어떤 도구였나? 땅에 그림 그리기, 소꿉놀이, 비석치기, 땅따먹기 게다가 강아지 모양이면 강아지라고 부르기도 했다. 우리는 누구나 유연함을 가졌었다. 하지만 지금은 조금 딱딱한 생각을 가진 어른이 되고 말았을 것이다. 괜찮다. 우리는 유연하지 못한 사람이 된 것이 아니라 유연하면 큰일날 것 같은 책임감으로 인해 불안함이 커진 것뿐이다.

회의실에서 부장님이 "자, 우리 젊은 친구들 아이디어 좀 보자. 의견 하나씩 내봐. 오늘 나는 정말 오픈해서 들을 거야. 김 대리부터 시작해볼까?"라고 말한다고 가정해보자. 그때부터 우리의 회의는 공포가 된다.

어떤가? 새로운 생각이 마구 떠오르는가? 아니면 서로의 눈치를 보는가? 새로운 아이디어는커녕 앞 사람이 어떤 이야기를 하는지 들을 겨를도 없다. 내가 이야기할 것을 고민하느라 모여 있을 뿐 그룹 미팅이 전혀 아니다. 자연스레 공포의 환경에 노출되어 생각이 굳어진다.

반대로 생각이 차올라 마구 생각이 뻗어나갈 때의 환경은 '다르게 생각해도 될 때'다. 이것을 '심리적 안전지대(Psychological Safety)'라고 부른다. 누군가 나를 평가하거나 재단하지 않거나 나의 사고하는 행동이 위협이 되지 않아야 한다. 서로에게 또는 나 자신에게 도움이 되는 결정을 할 수 있다는 마인드 역시 중요하다.

유연함을 촉진하기 위해서 회의가 명확한 목적을 설정하고 있는지도 중요하다. 유연함은 무한하지만 실제로 너무 무한해지면 사고를 더욱 어렵게 만든다. 그래서 '적절함'이라는 균형을 유지해야 한다. 그것이 바로 문제를 해결하는 것에 대한 초점이다. '좋은 아이디어'와 '매출을 올리는 아이디어'. 무엇이 더 사고하기 편안할까? 물론 후자다. 이런 환경은 단숨에 만들어지지 않는다. 평소에 강압적이지 않은 질문을 던지고 함께하는 안전한 조직문화에서 가능하다.

보상이 커지면 생각이 유연해질까?

혹자들은 돈만 주면 뭐든 가능하다며 유연한 사고를 가진 회사는 높은 연봉이나 보상이 만들어낸다고 이야기한다. 이것은 결과만 보고 추론하는 잘못된 논리라는 것을 한 실험이 증명했다. 런던대학교

(UCL)의 딘 몹스(Dean Mobbs) 박사 등 연구진은 재미있는 컴퓨터 게임과 보상 실험을 했다. 두 그룹은 게임에서 하나의 '먹이'를 키패드로 잡을 때마다 낮은 보상(0.5파운드)과 10배 높은 보상(5파운드)을 받을 수 있었다. 모든 참가자들이 충분히 연습한 다음 38회의 게임을 진행했는데 작은 돈이 걸렸을 때는 74%, 큰돈이 걸렸을 때는 64%의 성공률을 기록했다. 높은 보상이 더 낮은 성과를 가지고 온 것이다.

이 실험은 〈사이언스〉에 실린 위협과 두뇌의 반사작용을 확인하는 실험이며 큰 보상이 더 큰 위협으로 느낄 수 있음을 증명한 실험이다. 먹이와 거리가 멀리 있을 때는 위협을 피하는 기능을 세우는 전두에 혈류가 모였으나, 먹이를 잡거나 초조한 상황이 다가올수록 전두의 혈류는 차단되고 충동적인 반응을 하게 되는 중뇌에 혈류가 집중되었다. 다시 말해서 높은 보상은 자유의지가 줄어들게 하기도 한다는 것이다. 연봉이 낮아서 창의력이 생기지 않는다는 것은 무조건 옳지 않다.

두뇌는 필요한 만큼 유연해진다

모든 어른들이 처음부터 유연한 사고를 하지 않았던 것은 아니다. 삶의 다양한 경험을 하는 과정에서 해야 하는 일과 하지 말아야 하는 일을 규정하기 시작했을 것이다. 스스로에게 도움이 된 행동과 도움이 되지 않은 것들을 구분하면서 살아왔다. 이렇게 답을 찾으며 우리의 머리는 굳어졌을 것이다. 이런 방법은 우리가 삶을 효율적으로 살아갈 수 있도록 도와준 순기능이지만 복잡한 문제를 만났을 때 사고의 방향을 곧바로 바꾸지 못하면 고정관념이 되고 만다. 답을 안다는 고정관념 대신 또 다른 가능성이 있음으로 받아들이기만 해도 유연함의 절반은 성공한다.

> 나는 2×2=4가 완벽한 수식이라는 데 동의한다. 하지만 2×2=5,
> 이 또한 얼마나 매력적인가.
>
> - 표도르 도스토옙스키, 《지하생활자의 수기》 중

유연함을 대표하는 아름다운 문구라고 생각한다. 우리가 유연한 사고를 하려면 여백이 필요하다. 당연한 구구단을 다르게 받아들여야 하는 순간 우리는 유연해질 수 있다. 새로 시작한 프로젝트에 모르는 부분이 있으면 그만큼 유연해진다. 이렇듯 우리는 상황과 시기를 직접 생각할 때 사고가 유연해지고 그것이 창의적인 판단의 밑거름이 된다. 그래서 앞의 회의 상황처럼 '유연하게 해봐'라며 유연함을 강요하거나 조작하는 것이 아니라 그냥 도전적이고 유연한 문제를 제공하는 것만으로도 유연한 사고가 시작된다.

반복해서 강조하는 부분은, 답을 정해놓는 마음가짐이야말로 최악의 문제해결 방법이라는 점이다. 정답을 찾는 것, 대답을 요구하는 압박은 우리를 단순하게 생각하도록 만든다. 그저 평소에 문제를 던지기만 하면 알아서 복잡한 생각을 하게 된다. 그리고 서로를 존중하고 공유하면 된다. 그것이 유연함을 만드는 것의 전부다. 여백을 두고 문제를 대하면 창의성은 따라온다.

유연하다고 느리지 않다

돌아가는 것이 더 빠르다. 정확히는 유연함이 문제를 틀리고 번복할 가능성을 낮춘다. 모순처럼 들릴지도 모르지만 이것도 고정관념이다. 앞에서 살펴본 두 가지 사건에서처럼 유연하지 못하게 하면 오히려 일을 그르친다. 그것도 더 크게 말이다. 단언컨대 창의력과 같은 유연한 사고가 우리 일의 속도를 늦추기만 한다면 엄격하게 금지됐을 것이다. 하지만 아니지 않은가? 유연함은 지름길을 택하는 가능성을 열어둔다. 유연함 속의 우리는 다른 사람들과 다양한 의견을 듣고 함께 의사결정하게 한다. 혼자 하는 것보다 빠르다. 내 머릿속에 있는 정답이 아닌 누군가와 함께 찾는 과정에서 얼마든지 차원이 다른 민첩함을 만들 수 있다. 유연함을 갖고 싶다면 다음 활동을 시도해보자.

- 문제에 대해 구성원과 함께 시뮬레이션할 것
- 구성원의 반대 의견에 대해서 환영할 것
- 문제의 해결 과정을 패턴화시켜볼 것
- 문제 상황에 대해 상호 피드백할 것
- 문제 실험에 대해 호의적일 것
- 문제의 과정에서 회고하며 학습할 것

많은 조직의 회의 문화가 위처럼 유연해지는 추세다. 아마 당신의 잘나가는 경쟁사는 더욱 이렇게 변화하고 있을 것이다. 위에서 의견을 찍어 내리고 아래서 실행하는 톱다운(Top-down), 상부의 계획을 실행 부서에서 실행만 하는 워터폴(Water Fall) 방식의 프로젝트에 익숙한 사람들에게 당장은 오픈 문화가 불편할 수도 있다. 하지만 앞으로 새로운 문제를 만나면서 과거의 방법이 더 불편해지고 결국 유연하게 변화를 할 수밖에 없다.

유연함은 팀에서 발현되었을 때 효과가 극대화된다. 팀이 민첩해지기 위해 명심해야 할 한 가지는 유연함을 장기간에 형성되는 문화로 받아들여야 한다는 것이다. 포스트잇을 붙이고 예쁜 빈백 소파를 놓는다고 사고가 바뀌지 않는다. 민첩한 생각들을 지지해주는 것이 가장 중요하다. 문화는 그 집단의 누구를 인정하는가에서 시작되는 법이다. 유연한 사람을 받아주고, 의견이 채택되지 않더라도 인정해주자. 이렇게 가장 낮은 자리까지도 민첩하게 접근하면 학습민첩성은 문화가 되어갈 것이다.

마지막으로 가볍게 덧붙이자면, 두뇌에 대한 학자들의 연구에서도 우리가 유연하게 진화함을 증명하고 있다. 우리는 우리의 조상들보다 위협을 대응하는 전전두피질이 훨씬 크게 진화했다. 복잡해지는 세상의 문제만큼 우리의 두뇌도 유연한 생존 기계로 진화했다. 세상이 복잡하다고? 두려워할 것 없다. 우리는 유연성으로 진화했고 계속 업그레이드하는 중이다.

Practical Mindset,
최고의 스승은 경험이다

스마트폰 속에서 얼마나 배울 수 있는가

'1만 시간의 법칙'이라는 말을 한 번쯤은 들어봤을 것이다. 일정 수준의 성과를 달성하려면 한 가지 분야에서 10,000시간을 경험해야 한다는 것이다. 여덟 시간씩 일하는 풀타임 직업으로 약 7년의 시간이 필요하다는 말이다. 밀레니얼 시대를 살아가는 우리에게 7년이라는 허들은 조금도 피부에 와닿지 않는다. 우리는 빠른 시간 안에 당장 배워야 하는 동시에 실제에 적용하기까지 해야 하는 하는 시대에 살고 있다. 이게 과연 가능한 것일까?

최근 유행하는 마이크로 러닝처럼 간단한 콘텐츠를 짧은 영상으로 보는 방법은 어떠한가? 물론 시간에 쫓기는 세대에게 마이크로 러닝은 너무나 달콤한 상품이지만 학습효과는 더욱 의문이다. 교육 비즈니스는 될지 몰라도 이렇게 세상이 시간만을 줄여주는 단속적인 방법에 열광하고 있으니 불안하다.

예를 들어 아주 어린아이가 커피를 만드는 것을 배운다고 생각해보자. 우선 커피가 무엇인지 알아야 할 것이다. 쓴맛이 나는 검정색 물이고 마시면 잠이 안 온다는 정보를 얻는다. 물론 그 정도 지식이면 시작은 가능하다. 커피콩에다가 그냥 물을 부어서는 안 되므로, 커피를 잘 갈아서 준비된 필터 위에 놓고 뜨거운 물을 붓는다. 커피 맛이 어떻든 간에 어린아이의 커피는 이렇게 머릿속에서 완성되었다. 이제 집에 돌아가서 혼자 엄마의 커피를 탈 수 있을까? 아니다. 그렇다면 우리가 업무를 익히는 데 마이크로 러닝 영상을 보기만 하면 할 수 있을까? 잘 구성되지 않은 학습은 그저 공부에 시간을 사용했을 뿐이다. 지금 시대의 인재에게 이런 방법을 강요할 수 없다. 쓸모 있는 것을 쓸모 있도록 배우는 방법을 골라야 한다.

보는 것보다 좋은 것은 해보는 것

가장 이상적인 학습은 내가 앞으로 능력을 활용할 환경과 완벽하게 동일한 환경에서 배우고자 하는 바를 실제 해보는 것이다. 그런 곳은 없다고 생각한다면 학습이 아니라 공부만 상상하는 것이다. 현장에 나와서 실제로 해보도록 하면 얼마나 빠르겠는가? 경영학 졸업생과 창업 아이템을 만들어서 실제로 팔고 컴플레인도 받아본 학

문제를 다르게 보는 마인드셋을 장착하라 91

생 중에 누가 더 학습이 잘된 것인가? 교육학과 졸업생과 실제로 누군가의 학습을 설계해보고 직접 학습을 시켜본 사람 둘 중 누가 더 잘 가르칠까? 경험을 통한 학습에는 단순한 지식을 넘어서 지식 간의 맥락과 현실에 적용되는 차이를 알게 하는 지점이 들어 있다. 무엇보다 내가 생각하는 세계와 다른 사람들이 생각하는 세계를 비교하게 한다. 경험을 통해 감지한 상황이나 고객에 대한 공감은 문제해결에서 더욱 중요하다.

> 실험을 통해서 경험을 얻을 수 없다,
>
> 경험은 반드시 겪어야 얻는다.
>
> - 알베르 카뮈

현실에서만 보이지 않는 것을 배울 수 있다. 책으로만 보고 비판했던 프로젝트를 직접 하면 그때 배우는 것이 더 많다. 왜 그렇게 만들 수밖에 없었는지, 가격이 왜 그렇게 책정되었는지, 사용자들이 줄을 서는 제품의 이유를 알게 된다. 그때가 되어야 나만의 문제해결력을 발휘해볼 수 있는 상황이 된다. 다른 사람들이 고민한 것을 한 단계 밟고 일어서는 것은 책이 아니라 현실이다. 문제를 찾으면 뒤도 돌아보지 말고 책을 덮고 현장에 나가보라. 가능하면 바로.

다시 마이크로 러닝으로 돌아와서 생각해보자. 분명 마이크로 러닝을 만든 사람들도 학습을 모르고 만든 것이 아니다. 짧은 영상의 특징은 겉모습일 뿐이다. 배운 내용을 잊지 않기 위해서 큰 학습을 잘게 쪼개고 전략적으로 옳은 순서대로 배치해서 강화하고자 하는 콘텐츠 디자인에 가깝다. 콘텐츠는 호기심뿐만 아니라 업무 현장과 관련이 높은 퀴즈, 시뮬레이션, 게이미케이션 등 다양한 요소로 큰 학습 요소 안에서 작은 학습을 반복하는 것이 핵심이다. 결국 스마트폰이라는 환경을 활용하는 것이 달라진 것이지 학습을 스마트폰만으로 하게 해주는 것은 아니다. 결국 어떤 방법도 경험과 학습이 연결되어야만 가능하다.

경험 학습은 자신이 주도해야 한다

처음 시작하는 '새로운 프로젝트' 그 자체는 가장 좋은 경험 학습 요소다. 자원봉사가 되었건 소액의 프로젝트가 되었건 진짜 고객이 원하는 것을 해결하다 보면 그 과정에서 많은 것을 배울 수 있다. 이것은 나에게 시작일 뿐 앞으로의 고객에게 '프로'로 불리기 위해서 이번 프로젝트를 기록하고 성찰하는 과정에서 점점 프로가 되어간다. 열정 페이로 하라는 것이 아니다. 내가 주도해서 진짜 경험을 만들어가면 언젠가 다른 고객의 문제도 얼마든지 해결해줄 수 있다는 확신이 생긴다. 그때 우리는 프로가 된다.

취업 준비생이나 사회 초년생은 어떻게 해야 할까? '경력이 없는데 어떻게 그런 프로젝트를 하나요?', '누가 저한테 일을 맡겨요'라는 반응을 많이 하지만 그래도 한번 부딪혀보자. 우리를 선택하는 고객들을 만나는 방법도 학교에서 가르쳐줄 수 없는 중요한 요소다.

기회를 찾는 것도 나에게는 프로젝트다. 할리우드의 배우들도 계속 오디션을 본다. 인생은 항상 새로운 일에 도전해야 하는 연속이다. 진짜를 해보는 환경에서 학습이 존재한다.

직장인이라면 어떠한가? 수많은 프로젝트를 해보며 내가 세상에 어떻게 도움을 주고 있는지 알고 있지 않은가? 후배들의 성장과정을 보면 언제 커서 나를 위협할지 익히 짐작이 간다. 단지 문제해결력을 소유하기 위해서 회사 시스템의 도움을 받은 부분만 구별할수 있다면 금상첨화다. 나의 능력이 닿지 않았는데 누군가 함께해준 파트를 이해해야 한다. 그것만으로도 지금과 다른 문제해결력을 지닐 수 있다. 그 능력을 갖추라는 것이 아니다. 내가 잘하는 분야의 환경을 파악한다는 것이다. 이 모든 것은 현장에 있다. 교육 역시 현장에 답이 있는 법이다.

CEO에게 게임은 필요 없다, 실전만이 있을 뿐

대한민국 굴지의 문화 대기업인 모 기업에서 하는 리더 양성 프로그램이 있다. 간단하게 설명하자면 임원급이 해야 하는 전략 이슈를 직접 해결해보는 과정이다. 말 그대로 임원이 해야 할 일을 학습하도록 던져준다. 만약 당신이 전체 그룹사를 책임져야 한다면 그룹사 전체에 대한 전략 과제를 맡긴다. 개별 사업부의 임원 후보군이라면 개별 이슈를 해결하고 실행 플랜을 실제로 사업에 적용하게 한다. 그들이 제대로 된 학습을 하기 위해서 멘토도 붙여주고 팀 단위

코칭도 함께한다. 결국 성과를 냄과 동시에 학습도 이루어진다. 기업에게 이보다 더 좋은 방법이 어디 있겠는가?

고연봉에 중책을 맡고 있는 그들에게 몇 개월씩 걸리는 교육과정은 부담이다. 하지만 긴 시간 동안 경험 학습을 진행하고 나면 가장 확실한 문제해결력을 얻는다. 새로운 문제에 대해서 거시적 의사결정이 가능한 수준의 문제해결력이 증명된다. 그리고 그 과정에서 자신의 능력이 점검된다. 이제 교육이라는 말은 너무 말랑말랑하다. 실전으로 학습하고 평가하는 방법이 대세다. 새로 영입된 임원이 정착하도록 '정착하는 것' 그 자체를 학습화한다. 수백억 원이 투자되는 해외의 신사업 정착을 하는 과정에서도 누구도 모르는 현지 사정을 겪으며 학습하도록 코칭하고 지원한다.

기업만큼 절실한 조직이 있을까? 이처럼 진지하게 큰 성과를 원하는 사람들은 현장에서 학습하고 배운다. 진짜 '일'을 하는 과정에서 학습하는 것만이 살아 있는 지식을 배울 수 있다. 성공하고 싶다면, 문제해결력을 갖고 싶다면, 내가 원하는 직업을 갖고 싶다면 진짜 문제를 맞이해야 한다. 왕좌에 왕도는 없다.

Collaborate Mindset,
연결이 해결이다

공동체보다 혼자가 좋다?

중학교 교과서에서 인간은 '사회적 동물'이라고 배웠다. 아무리 요즘 시대가 혼술, 혼밥처럼 개인의 삶을 중요시하는 시대라 해도 사실 우리는 모두 서로의 영향을 받으며 살고 있다. 이 책도 누군가가 고생해서 만들어낸 나무, 종이, 잉크 그리고 독자와도 연결되어 있다. 이처럼 유인원부터 지금까지 인간은 모여서 살아왔다. 단지 이따금 잊고 살 뿐이다.

　그럼에도 많은 사람들이 사회적 동물임을 거부한다. '대학내일 20대연구소'가 밀레니얼을 대표하는 수도권 4년제 남녀 대학생 225명을 대상으로 설문조사한 결과, 대학생의 60%는 한 학기에 세 개

이상의 팀플을 수행함에도 불구하고 80%의 학생들은 "팀플을 선호하지 않는다"라고 응답했다. 또한 삼성그룹이 2016년 공식 유튜브 채널에 공개한 캠퍼스 드라마 〈팀플의 덫〉은 조별 과제를 서로 하지 않으려고 어처구니없는 핑계를 대는 학생들의 모습을 통해 B급 공감대를 얻어냈다. 우리나라를 대표하는 기업인 삼성이 이런 마케팅을 하는 것을 보면 팀플이 아닌 개인 플레이가 대세인 듯하다. 씁쓸하다.

물론 무엇인가를 함께하는 것은 어렵다. 게다가 문제를 함께 해결하라니 그것은 더 어려워 보인다. 하지만 역설적으로, 복잡할수록 혼자서는 해결할 수 없다. 이런 모순에 빠진 경우는 어떻게 해야 할까? 이때 '피할 수 없다면 즐기라'는 말이 필요하다. 아무리 공부해도 개인의 힘으로 세상의 수많은 지식을 고려하기는 어렵다. 함께 검증하면 나의 지식도 더 다듬어지고 완벽해진다. 게다가 서로 다른 자원들을 공유할 수 있다. 함께하면 더 좋다는 것을 우리는 알고 있지 않은가?

팀과 문제를 해결할 때 누리는 집단지성과 공동체 효과

팀의 형성에 대한 대표적 모델 중 하나인 '터크먼의 팀 형성 5단계'에서는 구성원들이 갈등을 겪는 폭풍의 단계인 격동기(Storming)를 지나 집단지성이 발현되어야 팀이 이루어진다고 했다.

집단지성에 대한 흔한 거부 논리 중 하나가 혼자 하는 것보다 시

함께 문제를 해결하는 과정에서
팀이 되어간다.

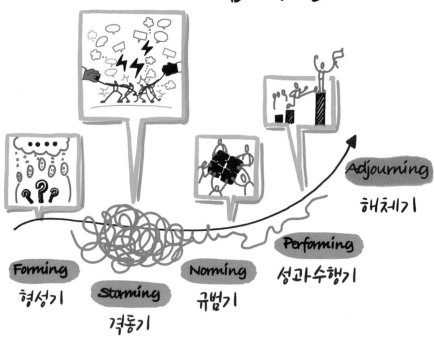

출처: 팀 형성 5단계(The Five Stages of Team Development), 브루스 터크먼(Bruce Tuckman)

간이 더 오래 걸린다는 것이다. 이것 역시 흑백논리에 가깝다. 물론 아주 단순한 문제라면 팀원들을 모아서 고민하는 것이 괜한 시간낭비다. 하지만 대부분은 서로가 필요한 문제들이고 그래서 우리가 함께 있는 것이다.

한편 리더가 너무 우유부단하게 보일까 봐 '리더가 그런 것을 물어봐도 되나?'라는 생각을 하기도 한다. 두 가지 관점 모두 단기적인 시야다. 당장 해결되는 문제라면 그렇겠지만 함께 해야 하는 큰 프로젝트라면 문제를 함께 결정하는 과정에서 더욱 큰 효율을 경험할 수 있다.

조직의 구성원들은 업무를 지시받고 수행하는 데 있어 대부분 일의 앞뒤의 이야기들, 즉 맥락에 대한 갈증을 느낀다. 소통이 안 되는 조직에서는 회의가 끝나고 상사의 메시지를 해석하는 회의를 또 하기도 한다. 이처럼 맥락 없이 업무만을 지시받게 되면 이것을 왜 하는지 모르는 상태에서 지연되거나 최소한의 결과물만 생산한다. 그 결과물이 우연히 맞아떨어진다면 다행이다. 하지만 만약 조금만 문제가 생겼다고 해보자. 그 문제를 리더가 다시 파악하고 수정을 결정하려면 리더는 팀원들이 생각했던 모든 것을 파악해야 한다. 반대로 "다시 해와!"라며 서류를 뿌리면서 화를 냈다면, 팀원은 리더의 의도를 다시 파악하고 작업해야 하니 몇 배의 시간이 걸린다.

처음부터 의사결정을 하는 과정에 함께 참여하게 되면 무엇이 달라질까? 맥락을 알게 되고 리더가 감지하지 못한 문제를 팀원들이 찾아낼 수 있다. 같은 문제가 반복해서 발견된다면? 일일이 지시

할 필요가 없이 구성원들이 학습하고 이겨내면 된다. 이게 우리가 바라는 팀워크 아닌가? 눈빛만 봐도 알 수 있는? 그것은 서로 같은 문제를 헤쳐나갔을 때 생겨나는 것이지 회식으로 생겨나지 않는다. 확실한 것은 문제를 공유하는 리더가 권력을 가진 리더보다 더 좋은 팀을 만들 수 있다는 것이다. 문제를 함께 공유하고 함께 결정하라.

경쟁자와 문제를 해결할 때 누리는 네트워크의 힘

영화 〈어벤져스: 엔드게임〉에서 영웅들은 시간여행을 한다. 여기서 양자의 영역이라는 것이 등장하는데 영화 속에서 너무 파격적으로 등장하니 이 세상에 없는 허구라고 생각하는 사람들이 많다. 하지만 이는 현대 과학의 근간이다. GPS나 스마트폰 배터리 그리고 DNA 친자 검사까지 양자역학이 없었다면 존재할 수 없었던 기술들이다. 그 핵심에는 반대 개념에 있는 것들이 서로를 밝히고 공존하게 되는 '상보성 원리'가 존재한다. 복잡한 과학 이야기를 접어두더라도 '대립적인 것은 상호 보완적이다'라는 큰 메시지를 우리에게 남긴다.

진정성 있는 기업이 고객의 문제해결을 통한 수익의 창출을 목적으로 한다면 경쟁사는 더할 나위 없는 상호보완적 관계. 애플이 그러했고 삼성이 그러했다. 보이지 않았지만 삼성의 제품에 애플의 기술이, 애플의 제품에 삼성의 기술이 들어가며 서로의 비니스를 완성하는 과정이었다. 우리는 두 기업에게만 주목하고 있지만 세계의 수많은 기업들이 그 안에서 상호 보완적으로 일하고 있다.

2009년 삼성이 스마트폰 시장에 뛰어들 무렵의 세계시장 점유율은 5.9% 이하였다. 노키아가 67%를 기록했으니 지금 삼성의 약진이 새삼 대단하게 느껴진다. 당시 애플이 25%로 급성장할 무렵 삼성은 애플의 카피캣 발언을 시작으로 독일, 네덜란드, 미국, 일본 등에서 10년에 걸친 소송 전쟁을 진행한다.

많은 소송에서 패소하거나 무효화가 되는 수준이었지만 덕분에 삼성은 두 마리 토끼를 잡게 된다. 하나는 5%의 기업이 30%의 애플과 물고 뜯는 과정에서 스마트폰 시대의 경쟁자임을 브랜딩했고, 하나는 패소한 부분을 극복하는 문제해결력으로 법적 공방을 넘어서는 능력을 보여줬다. 여담으로 스티브 잡스(Steve Jobs)의 전기를 쓴 월터 아이작슨(Walter Isaacson)의 말에 의하면, 잡스는 삼성을 높이 평가했고 안드로이드 사용을 매우 안타까워하며 삼성이 독자적 운영체제로서 대결하기를 원했다고 한다. 그는 애초부터 삼성을 큰 그릇으로 보고 진심으로 경쟁사로 대했던 것이 아닐까?

잘 모르겠으면 연결하라

비즈니스에서 현지화는 가장 어려운 과제다. 현지의 문화와 사람들 마음속을 제대로 아는 것은 거의 불가능하다. 결국 현지의 문제를 정확히 파악할 수 없으니 실패할 확률만 올라간다. 이때 가장 좋은 방법은 현지를 가장 잘 아는 사람들과 손을 잡는 것이다. 물론 나 혼자서 비즈니스를 성공시키면 독식할 수 있겠지만 이런 패기로 성공하는 것은 운에 가깝다. 세상에는 우리 생각보다 모르는 위험들이 더 많다.

스타벅스가 우리나라에 들어올 때 현지 경영에 대한 대부분의 권한은 신세계와 연결해서 진행했다. 미국의 문화와 전혀 다를 것이라는 점을 고려하여 유통과 고급화에 능한 신세계와 손을 잡았다. 결과는 말하지 않아도 알 것이다. 고급 커피의 대열에서 대중화까지 한국인의 입맛에 맞는 브랜드를 만들어냈다. 스타벅스는 여기서 한 단계 더 나아가 프랜차이즈가 아닌 단품 사업을 시작하는데 신세계와 진행하지 않고 동서식품과 손잡았다. 분명 유통 자체는 신세계가 더 잘 알고 있으리라 생각했을 수 있을 텐데 어쩌면 커피 판매의 경쟁자인 업체와 연결하였다. 동서와의 컬래버레이션은 제품의 생산부터 판매망까지 한국의 커피를 팔아본 사람들의 노하우를 그대로 타고 한국 시장을 장악하기 시작했다.

이제 출발하는 스타트업의 모습은 더욱 연결 그리고 연결이다. 스타트업에 투자하는 기업들이 투자받은 기업들을 자꾸 연결해준다. 파티처럼 보이는 행사이지만 경쟁사끼리 모여 이슈를 공유하고 법적 규제와 같은 부분은 힘을 합쳐서 대응한다. 전혀 다른 이종목 간에 또는 대립 단체들도 맥락을 같이하려 애쓴다. 화학기업과 환경보호 스타트업이 함께 일하는 것, 상상이나 해보았는가? 스타트업 투자 회사들끼리 정보를 교환하기도 하고 공동투자를 하는 하나의 그룹으로 활동하는 경향을 보인다. 지속가능한 문제해결을 위해 적과의 동침이 오히려 달콤한 세상이다.

현지화(Localization) 문제는
신세계와 연결

단품(Ready to Drink) 문제는
동서와 연결

Double Edged Mindset,
문제해결의 두 얼굴

세상은 모순투성이

'살고자 하면 죽고, 죽고자 하면 살 것이다'라고 했는가? 우리 세상은 모순투성이다. 편하게 살려고 하면 결국 불편함을 감수해야 하고 불편함을 감수하면 편하게 살게 된다. 솔직함이 필요하다고 외치면서 그대로 이야기하면 팩트 폭력이라고 한다. 찬성과 반대, 선과 악, 삶과 죽음, 행복과 불행 등 우리의 세상이 반대되는 것들로 구성되어 있듯 당연히 세상의 문제도 항상 양면성을 지닌다.

> 우리는 어떤 골칫거리를 다른 골칫거리로 바꾸는 일을 '진보'라고 부른다.
>
> - 해브록 엘리스

비닐봉투와 에코백의 모순

'미다스의 손' 이야기를 아는가? 손을 대는 것마다 황금을 만드는 미다스왕의 이야기다. 그런데 이 이야기의 끝은 어떻게 되는가? 왕이 사랑하는 자신의 딸을 포옹하는 순간, 딸이 황금이 되는 비극이 일어나고 그는 이미 늦었음을 깨닫는다.

인류에게 플라스틱은 황금보다 더 위대한 발견 중 하나다. 금속이나 도자기에 비해서 가볍고 강한 제품을 만들 수 있다. 도시가스의 공급관도 플라스틱이다. 청결해서 미생물에 오염되지 않는다. 복잡한 모양도 쉽게 대량생산이 가능하다. 유리병에 비해 100배 이상 저렴하게 생산 가능하다. 옷, 가구, 핸드폰, 차, 심지어 집에도 플라스틱이 들어간다. 이렇게 좋은 플라스틱은 2015년까지 약 8억 3천만 톤 정도가 생산됐다. 상상할 수 없는 수치다.

그런데 그 모든 플라스틱은 어디에 있을까? 약 9%는 재활용되고 12%는 소각되었으며 나머지 79%는 지구 어딘가에 아직 남아 있다. 그중 1년에 800만 톤 정도가 바다로 흘러가는데 2050년에는 바다에 있는 모든 물고기의 양보다 무거워진다. 미다스왕 이야기를 보며 플라스틱이 떠오르는 것은 비단 우연의 일치는 아닐 것이다.

플라스틱이 지구에 넘쳐나는 동안 우리는 이 문제를 잘 해결하고 있었을까? 물론 인간은 문제를 해결하고 싶어 하는 본능을 가진 존재라 이미 다양한 해결 방법들을 추진하고 있다. 플라스틱 대신 종이 포장재를 사용하고 비닐 대신 에코백을 사용한다.

그런데 이런 선택이 정말 환경을 사랑하는 선한 사람의 의미로

남을까? 미안하지만 아니다. 하나의 면 에코백을 만들 때 발생하는 이산화탄소는 플라스틱 비닐 7,100개의 양이다. 간단히 설명해서 7,100번 에코백을 사용하지 않고 버린다면 이산화탄소 발생의 측면에서 보면 오히려 환경을 크게 해치는 행동이 된다. 또한 플라스틱 비닐은 먹지 않고 버려지는 음식물 쓰레기를 줄여 부패온실가스를 줄여준다. 오히려 환경에는 비닐보다 더 좋을 것 같은 종이는 폐기물로 소각할 때 발암물질이 발생하고 독성 잉크는 환경호르몬으로 남는다.

어떤가? 에코백을 들고 다니며 '나는 지구를 지키고 있어!'라고 생각할 수 있는가? 에코백을 생산하기 위해서 비닐봉투보다 더 많은 농업용수와 공정 그리고 부피와 무게에 따른 유통 부담이 생긴다. 환경이 망가지는 속도를 오히려 가속화하는 꼴이다. 자신이 더욱 많은 양의 이산화탄소를 발생시킨 주범임에도 불구하고 몰라서 행복해하면 되는 것인가? 당신으로부터 환경은 죽어가고 있을 수도 있다. 잘못된 문제해결은 우리의 문제를 더 쌓이게 한다.

더욱 불쾌한 상황은 하나의 답을 고집하는 사람들이 이런 정보를 받아들이지 않는다는 것이다. 대부분은 나와 다른 정보를 불편해하다가 '저런 정보는 다 플라스틱 생산업체에서 만든 것일 거야'라며 결국 합리화한다. 과연 그럴까? 모든 문제에는 양면이 존재한다. 그렇다면 우리가 해야 할 일은 무엇일까? 답은 문제해결의 시작점에 있다.

우리가 알고 있는 정답이 정답이 아닐 수도 있다.

이산화탄소 발생량

면 에코백 1개 = 비닐봉투 7,100개

1EA

7,100EA

출처: 식료품 가방의 라이프사이클 평가(Life Cycle Assessment of grocery carrier bags), 덴마크 환경부 연구 자료

플라스틱 비닐봉투도 문제를 해결하기 위해 만들어졌다

1960년 3월 플라스틱 백은 처음으로 특허권을 받게 된다. 스웨덴의 공학자 스텐 구스타프 툴린(Sten Gustaf Thulin)은 인류의 생활을 바꾼 발명품을 만들었다. 그가 비닐봉투를 탄생시키기 이전에 모든 매장에는 종이봉투가 존재했다. 너무 과도한 양이 사용되기도 하고 내구성이 떨어져 물이라도 묻으면 그 자리에서 폐기해야만 했다. 당시 종이를 만들기 위한 무분별한 벌목은 지금의 환경오염과는 비교할 수 없는 수준이었다. 그는 나무들이 인간에게 낮은 가치로 희생되는 것을 막기 위해 플라스틱 비닐통투를 만들게 되었고, 이는 전 세계에 퍼져나가기 시작했다.

발명 당사자인 툴린과 당시 사람들은 플라스틱 비닐봉투의 문제점을 모르고 있었을까? 기록에 따르면 플라스틱 백이 분해가 어렵다는 부분은 이미 알려진 사실이었다. 단지 위생적이고 재활용 가능한 특징을 가진 플라스틱과 같은 고분자화합물들이 종이백 문제의 대안이었기 때문이다. 실제로 툴린의 아들은 아버지는 늘 비닐봉투를 주머니에 휴대하며 사용했다고 말했다. 이것은 발명자가 재활용 가능한 물품으로 종이봉투를 대체하고자 했던 것이지 지금처럼 비닐봉투를 과도하게 생산하고 버릴 것이라고는 생각하지 못했음을 알려준다.

상반된 입장에서 문제를 해결하는 네 가지 중점 요소

플라스틱뿐만 아니다. 유기농은 환경에 도움이 될까? 생산비용과 시간이 드는 비싼 유행일 수도 있다. 고기는 환경에 해로운 음식일까? 그러나 고기를 먹으면 비타민 외에 모든 영양을 공급할 수 있다. 환경을 넘어 일반적인 문제도 들여다보자. 칭찬은 성과에 도움이 될까? 채찍이 성과에는 더 도움되는 것 아닌가? 외로움을 해소하기 위해 모임을 만들면 오히려 상대적 박탈감이 더 커지는 것은 아닌가?

이런 이야기들을 꺼내면 주변 사람들이 불편해한다. 경우에 따라서 악당으로 몰리기도 한다. 그러나 한쪽 편을 들고 기회주의자가 되는 것보다 낫지 않은가? 지금의 논지는 더 좋은 방법을 찾기 위해서 양면성을 우리가 인식해야 한다는 것이다. 너무 복잡하게 받아들일 필요는 없다. 세상에 존재하는 지식만큼 도움이 되는 철학 또한 다양하다. 상반된 입장에서 문제를 해결하는 요소들을 살펴보자.

문제해결의 진정성은 균형점에서 보인다

문제해결의 양면성은 언제나 존재한다. 가장 좋은 예시가 돈이다. 돈을 벌면 누군가에게 가치를 준 것이다. 반면 그는 돈을 대가로 치르는 것이다. 균형이 잡힌 거래라면 앞으로도 지속될 것이다. 가치를 주지 않거나 속이면 결국 탈이 난다. 예전의 고객들은 이런 복잡한 교환 원리를 생각하지 않았다. 정확히 말하자면 정보가 없었다. 하지만 요즘은 다르다.

퍼주라는 말이 아니다. 악용하지 않는 진정성의 수준이면 된다. 기업의 철학이 고객 중심인지 플라스틱 중심인지 유기농의 중심인지 고객은 정확히 알게 된다. 그것이 결국 브랜딩이다. 또한 요즘 유행하는 '기업의 사회적 책임-CSR(Corporate Social Responsibility)'역시 진정성의 균형이 본질이다.

의견의 합, 변증법에 익숙해져야 한다

문제해결의 정점은 새로운 기회를 잡는 것에 있지만, 모두가 함께 나아지는 것도 중요하다. 얼마나 내가 훌륭한 프로인가보다는 이 문제를 둘러싼 많은 사람들이 잘 살게 해주는 것이 더 중요하다. 무한한 힘이 있다면 함께 정반합을 할 필요가 없지만 자원은 한정되어 있고 그 안에 우리가 살고 있다. 서로가 윈윈하도록 함께 바라보는 것이 가치의 극대화가 아닌가. 결국 모두에게 도움이 되는 것이 이마누엘 칸트(Immanuel Kant)가 말한 정언명령이고 보편적 법칙을 찾아가는 방법이다. 함께 대화하고 같은 방향을 찾아야 한다.

객관성은 세상에 존재하지 않는다

'내가 보기에는 말이야. 넌 객관적이지 못해'라는 말을 보면 누가 떠오르는가. 바로 '꼰대'다. 객관성은 사회 보편적인 기준으로 판단하는 것을 말한다. 과연 세상에 그것이 존재하기는 하는가? 모두가 하나의 생각으로 보아야만 가능하다. 이런 세상은 왕을 신으로 보았던 시대에서나 있는 일이다. 내가 객관적이라고 생각하는 태도는 내 말이 법이고 내가 왕이라는 것과 같다. 객관성은 존재하지 않는다. 단지 우리는 객관적인 점을 찾아서 다양한 사람들이 함께 문제를 보고 사는 것이다.

우리는 문제의 연속성 위에 있다

문제는 우리의 인식에서 만들어지는 것이다. 그래서 양파처럼 끊임없이 나온다. 해결할수록 더 나은 것을 찾는 인간의 본능이다. 그래서 바퀴는 수레, 자전거, 자동차로 계속 발전해올 수 있었던 것이다. 대부분 나의 프로젝트가 성공하면 다른 사람이 만들어내는 더 나은 것의 등장을 두려워한다. 후배들의 사다리를 치워버리거나 프로젝트를 더 낮게 만드는 새로운 문제들을 감추기도 한다. 새로운 문제를 해결해서 기회를 잡았다면 개선하고 더 나은 것을 만드는 것이야말로 왕좌를 계속 쟁취하는 방법이다.

복잡함에도 정도가 있다

문제해결을 시작할 때 가장 어려운 문제는 프로젝트의 크기를 가늠하는 것이다. 시간이나 비용 그리고 프로젝트에 함께할 팀원을 무한히 확보하고 싶지만 현실은 그렇지 않다. 그래서 문제해결 과정에 들어가기 전에 그 문제가 얼마나 복잡한지를 파악해야 한다. 정확한 크기를 알게 되면 팀 리더와 구성원이 합을 맞추는 데 큰 도움이 된다.

이렇게 문제의 복잡성을 현업의 프로젝트에서 활용하는 대표적인 방법이 바로 크네빈 프레임워크(Cynefin Framework)다. IBM 컨설턴트였던 데이브 스노든(Dave Snowden)은 프로젝트의 문제를 다섯 가지 영역으로 구분했다. 그는 크네빈 프레임워크를 프로젝트에서 가장 중요한 전략으로 꼽고 이에 따라서 프로젝트 진행 여부뿐만 아니라 자원 투입 여부도 분석했다고 한다. 문제를 어떤 방법으로 해결해야 할지 함께 살펴보자.

단순한 상황(Simple Domain)

원인이 뚜렷하게 보이고 기대하는 결과도 명확한 상태다. 우리 회사의 생산량이 기대보다 적었는데 특정 원료가 부족해서 그랬다면 얼마나 더 구매해야 하는지와 같은 것이다. 이런 상황은 기존에 했던 노하우나 대증요법(보이는 증상만을 치료하는 방법)으로도 충분히 해결이 가능하다.

단순 simple　　　복잡 complicated

정답 탐색
Best Practice

성공사례 탐색
Good Practice

무질서
Disorder

복합 complex　　　혼돈 chaotic

응급이슈 해결
Emergent

시나리오 탐색
Novel

복잡한 상황(Complicated Domain)

원인이 여러 가지이거나 그것들이 서로 영향을 줄 때다. 일반적인 상식의 수준으로는 명확하게 보이지 않지만, 숙련된 전문가들이 여러 가지 원인을 고려해 대응하는 수준의 문제 영역이다. 간단하게 표현하면 크게 두 가지가 존재하는데 감기처럼 증상이 단순해 보이지만 원인이 다양한 경우와 컴퓨터의 오류처럼 알 수 없는 증상들이 계속 나오지만 부품 하나로 인한 경우다. 이 부분은 여러 가지의 해결책이 존재할 수 있다.

복합적인 상황(Complex Domain)

4차 산업혁명에서 주목하는 문제의 영역이다. 복잡한 상황은 현재 모습이 어느 정도 명료하게 보인다고 하면, 복합적인 상황은 분명하지 않은 상황이다. 새로운 바이러스의 등장이나 문제가 확대되며 새로운 변수들이 계속 생겨나는 상황으로, 분석을 하려고 해도 기존의 틀로는 어렵다. 그래서 임시 해결책을 주며 반응하는 패턴을 찾는 실험이 필요하다. 해결책에서 답을 찾기보다 고객이나 원인에서 탐색하는 것이 필요하다.

혼돈의 상황(Chaotic Domain)

카오스는 상황이 원인과 결과 어느 것도 불분명하거나 파악해도 아무 의미 없는 혼란의 상황이다. 월드트레이드 센터의 911테러가 가장 대표적인 예로, 3인칭의 우리가 보는 표면상의 원인은 테러였지만, 그 안의 사람들에게는 건물이 흔들리고 대피해야 하는 것인지 아닌지 누구도 파악할 수 없는 상태였다. 원인의 해결은 당장 의미가 없고 가능하지도 않다. 이 상황에서는 더 상태가 심각해지지 않도록 시간을 벌거나 사태를 멈추는 '안정'의 상태를 찾는 것이 가장 시급한 문제해결 방법이다. 빠른 의사결정을 할 수 있는 결단력이 중요하다.

무질서의 상황(Disorder Domain)

현재 어떤 문제가 있는지 파악하지 못한 상태를 의미한다. 막연한 불안감으로 치부될 수 있지만 분명히 존재하는 두려움의 대상이다. 문제 인식 자체가 되지 않았기 때문에 대응해야 하는 필요성도 못 느끼는 'No-Problem'의 영역이기도 하다.

크네빈 프레임워크를 통해 우리가 일하는 분야의 문제 수준에 따라서 어떤 전략을 활용해야 하는지 간단하게 파악해볼 수 있다. 단순한 수준의 문제라면 고객을 편안하게, 걱정도 하지 않도록 하는 전략이 유효하다. 복잡한 수준이라면 전문가의 수준과 자격을 강조하며 문제해결의 시간을 줄일 수 있음을 어필할 필요가 있다. 복합적인 상황은 전문가로서의 신뢰도가 중요하며 문제를 명쾌하게 밝혀주는 시작점이 도움을 준다. 혼돈의 상황에서는 가장 시급한 해결책에 대한 실행력을 강조할 필요가 있다. 끝까지 함께하는 파트너십에 대한 신뢰도 중요하다. 무질서의 상황은 당신이 주인공이 될 필요가 없다. 고객들이 충분히 미래의 문제를 인식하도록 하는 깊은 토론, 워크숍을 통해 깨달음을 주는 것이 확실한 전략이다.

Chapter 3

—

기회를 만드는
문제를 찾아라

"탁월한 능력은
새로운 과제를 만날 때마다
스스로 발전하고 드러내는 법이다."

- 벨타사르 그라시안

좋은 문제는
좋은 질문에서 나온다

스티븐 스필버그 (Steven Spielberg, 1946~) 영화감독

캘빈 클라인 (Calvin Klein, 1942~) 패션 디자이너

리바이 스트로스 (Levi Strauss, 1829~1902) 리바이스 CEO

로만 아브라모비치 (Roman Abramovich, 1966~) 러시아 석유사업 재벌

폴 앨런 (Paul Allen, 1953~) 마이크로소프트 공동 창업자

래리 엘리슨 (Larry Ellison, 1944~) 오라클 CEO

마크 저커버그 (Mark Zuckerberg, 1984~) 페이스북 CEO

마이클 델 (Michael Dell, 1965~) 델 컴퓨터 CEO

마이클 블룸버그 (Michael Bloomberg, 1942~) 블룸버그 통신 창업자

이들의 공통점이 무엇일까? 바로 유대인이다. 세계 인구의 0.3%밖에 안 되지만 세계를 흔드는 그들에게 어떤 특별함이 있을까? 바로 질문이다. 좋은 질문은 문제를 정확하게 보게 만드는 반면 잘못된 질문은 문제를 지나치게 한다.

Thin & Thick Question

유대인들은 유치원 레벨에서 질문을 학습하는 방법으로 Thin & Thick Question을 배운다고 한다. 매우 간단하다. 질문의 깊이를 생각해보는 것이다. 이 차이가 노벨상과 실리콘밸리의 기적을 만들었다 해도 과언이 아니다.

문제를 직면할 때 유대인의 질문을 따라 해보는 것은 또 다른 통찰을 준다. '언제?', '어디서?', '얼마야?'처럼 정해진 답을 찾는 Thin Question을 피하고, 한 단계 깊은 관점에서 고민하게 하는 Thick Question을 해보자.

처음에는 조금 어색하게 느껴질 수 있다. 하지만 정말 해결하고 싶은 자신의 문제라면 익숙함을 잠깐 내려놓을 필요가 있다. 여유를 갖고 질문의 방향을 아주 조금만 바꾸면 충분하다. 하나의 좋은 질문과 문제해결력이 함께한다면 당신만의 문제를 찾을 수 있다.

Thin Question

Thin Question은 우리가 피해야 하는 얕은 질문이다. 시간이나 장소를 묻는, 답이 정해진 질문들이 이에 해당한다.

- 언제 하면 되는가?
- 어디에서 할 수 있는가?
- 무엇이 제일 좋은 방법인가?
- 누가 가장 전문가인가?
- 돈은 얼마나 있으면 충분한가?

Thick Question

Thick Question은 문제에 집중하게 하는 깊은 질문이다. 상황을 가정하고 그에 따른 결과를 찾아가는 형태의 질문들이 이에 해당한다.

- 만약 고객이 원하는 것이 가격이 아니라면 무엇인가?
- 왜 그는 돌아가는 길을 선택했는가?
- 왜 우리는 기존의 방법을 바꾸지 않고 있었는가?
- 고객은 우리의 상품을 구매한 다음에 무엇을 원하는가?

모든 문제를
'내 것'으로 만들어라

'사과' 하면 떠오르는 생각

인류 역사에 가장 많이 등장한 과일은 사과다. 아담의 선악과, 뉴턴의 사과, 스피노자의 마지막 사과나무, 뉴욕시의 별명 그리고 애플의 로고까지. 사과는 가장 흔하고 가장 익숙한 과일이다. 평소에 우리가 보는 사과는 아마도 여기까지일 것이다. 만약 당신의 직업과 사과가 관련이 있다면 어떨까? 사과와 비즈니스를 함께 놓고 보면 어떤 생각이 들까? 이제야 비로소 사과와 관련된 '문제'가 보이기 시작한다.

비즈니스 측면에서 사과와 관련된 문제에는 어떤 것이 있을까? 명절만 되면 사과 값이 껑충 뛰어오르는 문제, 너무 풍년이 되어 사

과 값이 뚝 떨어지는 문제, 사과 단가를 잡으려고 수매한 사과의 보관 문제, 병충해로 버려지는 사과의 양이 급증하는 문제 등이 있을 수 있다. 사과 하나를 가지고 인간은 참 불평불만도 많다. 있어도 문제고 없어도 문제란다. 그저 마음에 들지 않으면 모든 것이 문제다.

신기한 것은 문제는 관심이 있는 사람들에게만 보인다는 점이다. 문제를 발견하는 열쇠는 바로 관심이다. 우리는 여기에서 하나 더 나아갈 필요가 있다. 누군가는 문제가 불만의 대상이 되고, 누군가는 기회가 된다. 이 탁월한 차이는 단 하나에서 결정된다. 지금부터 사과를 가지고 기회가 되는 문제를 사각사각 찾아보자.

문제를 찾고 싶으면 관계를 바꿔라

결론은 관계다. 문제를 발견한 사람이 생각할 때 문제와의 관계가 나의 것인지 타인의 것인지에 따라서 전혀 다른 형태가 결정된다.

문제를 찾기 위해서는 두 가지를 먼저 질문하는 것이 좋다. 문제의 주체에 따라 '이것은 내 문제인가? 남의 문제인가?'를 질문하고, 문제와 나의 관계에 따라 '나는 이 문제를 나의 것으로 여기는가, 남의 것으로 여기는가?'로 질문한다. 이 두 질문을 통해 하나의 문제점을 네 가지 형태로 구분 지을 수 있다.

'너무 풍년이 되어 사과 값이 뚝 떨어지는 문제'를 한번 다뤄보자. 만약 이 문제가 당신 본인의 문제라면, 즉 당신이 사과 농가 주인이라면 적어도 손해보는 상황은 모면하기 위해서 적극적인 행동

| 한 문제를 네 가지로 구분하기 |

Relation of Problem	'나의 문제를' (사과 농가 주인이)	'남의 문제를' (사과 농가 외의 사람이)
+ 나의 문제로	사과를 제값 받고 팔 수 있을까?	사과 농가를 도와주고 가치를 만들 수 있을까?
	문제 직시의 영역 + 비즈니스 기획의 시작점	
+ 남의 문제로	누가 사가긴 하려나? 나라에서 해주겠지 뭐	아, 그런가 보다. (대부분 문제를 못 느낌)
	문제 외면의 영역 + 끝	

을 하게 될 것이다. 가공업체에 넘겨서 주스 재료로 싸게 판매한다거나, 고급 상품으로 소량이라도 판매해서 적자를 줄일 것이다. 어떻게든 지금 상황보다 조금이라도 개선되도록 노력한다. 반대로 당신이 사과 농가 주인이지만 더 잘되는 사업이 있어서 별 관심이 없다면 어떡하겠는가? 결국 '남의 문제로' 보고 적극적으로 대응하지 않을 것이다. 아마 사과 농장은 머지않아 없어질 것이다. 이처럼 더 나아지는 발전은 나의 문제로 생각하지 않으면 절대 나올 수 없다.

> "문제 삼지 않으면 문제가 안 되는데,
> 문제를 삼으면 문제가 된다고 했어요."
>
> - 조태오, 영화 〈베테랑〉

아무리 명석한 두뇌와 능력이 있어도 문제와 나의 관계를 바로 잡지 않으면 '문제의식'은 소멸된다. 주인의식, 창업가 정신, 공동체

의식 모두 문제를 나의 것으로 만드는 주인의식에서 시작된다. 그때 비로소 문제가 보이고 해결의 단계에 들어간다. 문제해결력에서 가장 중요한 것 하나를 뽑으라면 무조건 '문제와의 관계'다.

남의 문제를 해결해주는 것이 비즈니스다

더욱 빛이 나는 문제의식은 지금부터다. 우리 주변에는 '남의 문제'를 '나의 문제로' 여기고 해결해주는 사람들이 있다. 사과 농가가 가진 사과를 매수해주는 기관, 마을에 사과 보관 창고를 지원하는 농협, 병충해를 막는 방법을 알려주는 사람들 모두 사과 농가의 문제를 해결해주는 사람들이다. 문제가 사과 농가에 치명적인 만큼 해결 결과가 좋으면 보상한다. 우리는 이것을 비즈니스라고 부른다. 남의 문제를 나의 문제로 여기고 해결해주는 것이 비즈니스의 기본적인 원리다.

> 경영이란? 기업의 제품과 서비스에 대해 자발적으로
> 자신의 돈으로 교환할 의사를 가진 고객을 창조하는 것이다.
> - 피터 F. 드러커, 《경영의 실제》

경영학 서적을 뒤지고 뒤져도 경영의 꼭대기는 다른 사람의 가치를 만드는 것이다. 결국 문제를 해결해주는 것이 이 세상을 가치 있게 하는 가장 확실한 활동이다. 작은 개선도, 어떤 발전도, 엄청난 혁신도 모두 이곳에서 나온다. 세상의 변화가 심한 밀레니얼 시대에 우리는 다른 사람이 해결해주지 못하는 문제들을 찾아 나의 것으로 여겨야 한다.

사과 문제를 조금 다르게 본 사람들

최근 요리연구가 백종원 씨는 사과 농가의 버려지는 사과가 안타까워 본인이 가진 능력을 활용해서 사람들에게 사과를 활용하는 요리법을 알려주고 사과 소비를 촉진했다. 겉으로만 보면 자원봉사 같지만 세상은 문제를 해결하는 사람들에게 분명히 보상을 한다. 꼭 보상이 돈만 있는 것은 아니다. 그는 비즈니스에 임하는 진정성과 깨끗한 이미지를 가져갔고 장기적으로 이것이 더 큰 가치라고 볼 수 있다. 남의 문제를 정성스레 해결해주는 비즈니스의 정수를 보여줬다.

버려지는 사과를 조금 다르게 본 회사도 있다. 바로 지구인컴퍼니의 이야기로, 이들은 팔 수 없는 못생긴 농산물을 대신 팔아주는 전문 업체다. 농가들에게 적정한 가격에 매입해서 사람들이 필요한 형태로 가공해서 판매한다. 사과뿐만 아니라 다른 농산물에도 똑같은 문제해결 패턴으로 비즈니스를 만들어냈다. 1년 반 동안 무려 280만 톤의 농산물을 재탄생시켰다. 우리나라에서 1년 동안 버려지는 농작물이 500만 톤임을 감안하면 그들은 비즈니스 이상의 가치도 만들고 있는 셈이다.

결론은 간단하다. '나의 문제'를 '나의 문제로' 해결하면 나를 더 나은 상태로 만든다. '남의 문제'를 '나의 문제로' 해결하면 문제를 해결해주고 기회를 얻는다. 그러나 '나의 문제'를 '남의 문제로' 해결하면 퇴보하게 되며 '남의 문제'를 '남의 문제로' 해결하면 기회를 놓치게 된다.

앞으로 다가올
문제에 주목하라

우리가 생각하지 못했던 '토끼와 거북'

만약 수능에서 '〈토끼와 거북〉 이야기의 교훈은 무엇인가?'라는 문제가 나오면 정답은 무엇일까? 아마도 '자만'과 '성실'이 들어간 답을 선택하면 될 것이다. 우리가 학교를 다니며 배운 대부분의 문제는 이런 방법으로 풀어왔다. 그리고 이런 시간 동안 우리 모두의 다양성과 문제해결력은 서서히 작아졌다.

반면 서양에서 토끼와 거북 이야기는 대표적인 논술 문제로 사용된다. 다양한 관점으로 자신의 문제의식을 학습할 수 있는 아주 좋은 이야깃거리다. 자고 있는 토끼를 보고 그냥 지나쳐버린 거북의 인성 문제, 바다 거북과 산에서 경주를 하는 토끼의 잘못된 스포

츠 정신, 심지어 스포츠를 통한 내기는 불법이라는 답안도 가능하다. 우리는 문제를 조금 다르게 볼 필요가 있다. 토끼와 거북의 입장에서 경기를 다시 떠올려보자.

거북의 시선

거북은 어제 일을 너무 후회하고 있다. 매일매일 느림보라며 놀려대던 토끼에게 자신도 모르게 경주 내기를 해버렸다. 지는 사람이 형님으로 부르라니 미칠 노릇이다. 걸음은 느린데 왜 이렇게 대답은 빨리 했는지 부끄러워 잠도 오지 않는다. 다음 날, 경주하러 나오긴 했는데, 어라 토끼가 자고 있네? 깨지 않게 살금살금 얼른 추월해야지.

시간 구분	내기 전 (과거-발생형)	시합 전날 밤 (현재-탐색형)	시합 후 (미래-설정형)
토끼	당근 밭에 다른 동물이 들어오는 원인	경기장 시끄러운 소음이 안 들리게 하는 문제	이긴 후 이미지가 좋지 않아 보이는 문제
	울타리 설치, 원인 제거	귀마개, 상황 개선	이미지 개선 계획
거북	내기라면 지기 싫어서 승낙해버리는 문제	시합을 취소하는 문제, 달리기를 강화하는 문제	시합에 지면 바닷가 당근 밭 대신 가야 할 곳을 찾는 문제
	자기계발, 기준 설정	계약 취소, 성능 개선	신 시장 개척

토끼의 시선

맨날 거북은 당근 밭까지 올라와서 나에게 한마디 했다. "야 대머리!" 내가 생각해도 해서는 안 되는 말이다. 아무리 그렇다고 나한테 달리기 시합을 하자고 할 줄이야. 덜컥 승낙해놓고 보니 조금 미안하다. 다음 날, 동네 친구들이 어떻게 알고 온 건지 북적북적하다. 시끄러운 건 딱 질색인데, 난 시끄러우면 불안하단 말이야. 가슴이 너무 뛴다. 조용한 곳으로 숨어서 마음을 진정시키고 달려가야지. 어차피 이길 건데……. 이런, 잠들어버렸다! 내일부터 형이라고 불러야 하나.

조금씩 이야기가 진행되면서 둘은 분명 전혀 다른 문제들을 맞이한다. 당근 밭에 침범한 것부터 나쁜 말을 한 것 그리고 경기장이 너무 시끄러운 것까지. 이 모든 것을 기회가 되는 문제의 시선으로 바라보면 토끼와 거북을 도와줄 수 있다. 시간으로 구분해서 보면 더욱 명확하게 보인다. 이 방법이 바로 세계적인 컨설팅 그룹 맥킨지의 문제 구분 방법이다. 위 표처럼 시간 순서대로 과거(발생형), 현재(탐색형), 미래(설정형)로 구분해보자. 어떠한가? 토끼와 거북의 짧은 경주 이야기만 보아도 기회가 되는 문제들은 넘쳐난다. 관심 있게 보지 않으면 보이지 않을 뿐이다. 만약 당신이 이들의 친구라면 나에게 기회를 주는 문제는 무엇일까? 그 기회의 크기가 가장 큰 문제는 어떻게 찾아야 할까? 단언컨대 가장 확실한 접근법은 시간으로 구분해보는 것이다.

나는 어떤 문제해결 영역에서 가치를 만들 것인가

시간은 문제를 찾는 좋은 방법이기도 하지만 문제의 가치를 평가하는 도구로도 사용할 수 있다. 과거, 현재, 미래의 문제를 '과거-기존 문제해결', '현재-재정의된 문제해결', '미래-새로운 문제해결'로 나눠보자. 공교롭게도 시간의 순서에 따라서 경쟁자의 숫자도 달라진다. 과거로 갈수록 경쟁자가 많은 레드오션일 가능성이 높고, 미래로 갈수록 새로운 시장인 블루오션일 가능성이 높다. 경쟁자가 많은 곳보다는 경쟁자가 적은 독점이 더 가치가 있는 문제일 것이다.

비즈니스의 관점에서 한번 살펴보자. 오래된 문제일수록 내가 주도권을 가져가기는 어렵다. 이미 선점한 사람들의 방법을 따라가거나 조금 개선하는 것 혹은 싸게 파는 것이 전략이 된다. 노력에 비해 얻는 가치는 점점 작아질 수밖에 없다. 반면 시간이 미래로 향할수록 시장을 주도하게 된다. 미래의 문제해결은 다른 사람들이 아직 가보지 못한 곳이다. 혁신이라는 수식어가 따라오고 새로운 가치를 창출하게 한다. 우리 개인의 가치도 다를 바 없다. 누군가 해결한 오래된 문제만 따라가면 그저 대체 가능한 부품이 되고 끊임없이 끌려가게 된다. 우리가 원하는 것은 분명 이것이 아니다. 나만의 분야에서 자신의 가치를 증명하고 앞서 나가고자 할 것이다. 그렇다면 답은 앞으로의 문제에 있다.

기존 문제해결 영역

단호하게 말해서 매력이 낮은 곳이다. 성공률은 높으나 기회는 거의 없다. 누구나 해결할 수 있다. 누구나 알고 해결할 수 있는 문제들이다. 경쟁하고 쟁취하는 과정에서 해결하는 사람의 가치마저도 낮아진다.

대표적으로 커피숍이나 단순 프랜차이즈처럼 진입장벽이 낮은 곳이나 과도한 인원이 이미 가지고 있는 자격증이 이에 해당된다. 이런 영역은 수많은 사람들이 가격/인건비를 낮추고 수익을 창출하기에 급급한 전략이 난무한다. 가치보다는 생존에 가깝다. 많은 시간과 노력을 들여서 방법을 연구하기보다 구글을 검색하거나 대행업체를 통하는 편이 훨씬 효율적이다. 이 영역에서 승리하는 공식은 열심히, 싸게, 더 빨리를 강조한다. 사실 성장보다는 출구전략에 가깝다.

취업 준비생이라면 이 회사는 발전보다는 현실에 머무를 테니 피하라고 하고 싶다. 내가 말하지 않아도 매력이 없다고 느낄 것이다. 하지만 세상에 가치 없는 문제는 없다. '기존 문제의 영역'이 경쟁자가 많아서 피하는 것이지, 고객이 없어서 피하는 것은 아니다. 선택의 문제라는 것을 다시 한 번 강조한다.

재정의된 문제해결 영역

기존 문제를 다르게 바라보고 다른 방법으로 해결하는 영역이다. 같은 문제의 해결책을 차별화해 세상을 바꾸는 것이다. 오히려 미래의 문제보다도 어렵고 개선 그리고 혁신의 능력을 보여주는 영역이다. 앞서 길을 걸어간 선배들의 발자취를 통해 같은 실수를 반복하지 않을 수 있다. 성공/실패 여부를 구분할 수 있을 만한 충분한 평가 방법이 세상에 존재한다. 그래서 리스크도 줄이고 효과를 어느 정도 예측할 수 있는 분야다. 하지만 이 영역은 기술과 시간의 흐름에 따라 쉽게 '기존의 문제 영역'으로 이동한다.

옷의 주름 문제를 해결하는 다리미 시장은 기존의 무겁고 평평한 재질을 활용한 다리미가 만들어지고 바뀌지 않았다. 수분으로 압력을 대신할 수 있다는 점에 착안해 스팀을 옷감에 흡수시키는 '스팀다리미'가 보급화되며 시장은 대폭 변화했다. 시간과 장소의 제약을 원하지 않는 소비자들은 당연히 구매했다. 이것이 재정의된 문제의 영역이다. 하지만 스팀다리미 역시 개발하는 일은 어렵지 않았기 때문에 경쟁자들의 침공에 시달렸다. 이 영역을 선도하는 기업이 바로 '샤오미'다. 기존 것을 개선하고 더 저렴한 가격으로 제공한다. 같은 문제를 해결하지만 수단과 방법을 바꾸는 영역이다.

새로운 문제해결 영역

사람들이 표현하지 않는 문제를 포착하거나 미리 벌어질 것 같은 일에 대비해 기회를 만드는 영역이다. 문제해결력이 지향하는 최고 위치에 있는 개념이다. 그만큼 찾아내기 어려운 영역이다. 관찰하고 공감하며 확인하는 시간은 오래 걸린다. 불확실하다는 말이 정확하다. 그래서 이러한 문제를 발견하고 해결하는 사람들은 그 시대의 전설 그 자체가 된다. 스티브 잡스, 제프 베조스(Jeff Bezos), 마크 주커버그가 대표적인 예다.

4차 산업혁명으로 인해 자율주행자동차가 안정적으로 보급되면 사람들의 행동은 어떻게 변화할 것 같은가? 간단히 말해서 운전을 하는 사람에게 남는 시간이 새로운 이슈로 등장한다. 기존의 운전자가 대부분 가장이나 보호자라는 점에서 차량 안에서 가족 단위로 또는 개별적으로 시간을 소비할 수 있는 엔터테인먼트 도구의 니즈가 등장할 것이다. 디즈니처럼 콘텐츠로 세상을 지배하는 기업들이 기회를 맞이할 것이라고 생각한다. 또한 과도기에는 기존의 방법과 차이로 인해 불안함을 해소하는 자율운전차의 수동제어장치 등 최소한의 안전장치가 등장할 것이다. 차량 내의 편안한 환경을 조성하고 싶어 하는 변화도 생길 것이다. 이러한 것들이 지금까지 없던 문제들을 선점하는 문제해결사들의 영역이다.

세 번째 영역이 더 혁신적이고 매력적인 것은 맞지만 그 누구도 걷지 않았던 길이기에 리스크도 리턴도 매우 큰 영역이다. 미래의 고객을 예측하고 공감하는 사람들이 만들어내는 영역이다. 1990년에 누가 스마트폰이 필요하다고 외쳤겠는가? 그것을 예측하고 해결한 사람들이 지금의 혁신가 칭호를 가지고 있다.

시간은 흘러간다. 간단한 문제는 빠르게 해결되고 남게 되는 미래의 문제는 분명 더욱 복잡해질 것이다. 세 가지 영역은 이렇게 계속 흘러간다. 이것이 우리에게 위기와 기회를 함께 가져온다. 시간이 흐르면 내가 해결한 문제도 기존의 것이 될 것이다. 세계 핸드폰 시장을 60%씩이나 접수했던 노키아가 스마트폰을 거부하고 어떻게 되었는가를 보라. 새로운 문제는 또 다른 새로운 문제로 흘러간다. 세상은 단 한순간도 멈춰 있지 않기에 우리는 끊임없이 미래의 문제를 바라볼 필요가 있다.

'결핍'에 문제의
시작이 있다

'눈 가리고 아웅' 속 숨겨진 심리

밀레니얼이 가장 많이 사용하는 SNS채널은 페이스북이다. 여기의 삶은 무척이나 화려해 보인다. 나만 빼고 세상 사람들은 다 가졌고 다 행복한 것 같다. 가고 싶은 여행지, 맛집, 패션 아이템까지 뭐 이렇게 세상에는 좋은 것들이 많을까? 그런데 내 주변에는 왜 이렇게 평범한 것들만 있는지……. 많은 사람들이 이런 상대적 박탈감을 '포기하면 편해', '기대를 안 하면 실망도 없어'라며 애써 감정을 숨긴다.

사실 그들의 메시지 상자를 열어보면 '행복하기 싫어'가 아니라 '행복해지고 싶으나 어려워'라고 말하고 있는 듯하다. 정말 '탕진잼'처럼 인형 뽑기에 월급을 털어 넣는 것이 그들이 원하는 모습은 아니다. 눈 가리고 아웅일 뿐이다. 바로 이 '눈 가리고 아웅' 속에 남의 문제가 있는지를 알게 하는 가장 좋은 신호 결핍이 숨어있다.

할아버지는 가족을 위해, 삼촌은 평판을 위해, 조카는 정체성을 위해

우리 모두는 결핍이 있다. 베이비부머 세대까지는 '없는 것을 채우는 것'의 가치가 매우 중요했다. 그래서 나와 가족에게 '먹고 살 수 있을 만큼'을 달성하기 위한 희생의 결핍이 있었다. 이런 고객을 대상으로 의식주에 대한 비즈니스가 주를 이뤘다. 영화를 보거나 엔터테인먼트 활동은 정말 모든 것을 가진 사람들의 전유물이었다. 기본적 결핍이 어느 정도 충족된 X세대는 소비를 통한 자신의 증명이 결핍으로 등장했다. 차를 바꾼 것을 축하하고, 서로 어떤 브랜드의 액세서리가 명품인지 등급을 만드는 것이 수다의 중심에 있었다.

지금의 세대들은 어떤 결핍이 강렬하게 등장하는가? 세상에 널린 자원들 속에서 자신에 대한 '정체성'이 절실해졌다. 사춘기에나 겪는다고 오해하기 쉽지만 '정체성'은 저성장 시대가 주는 숙명이다. 확실한 발전이 없으면 나를 증명할 수 없고 그것을 만들기는 어렵다. SNS와 같은 정보기술도 한몫했다. 다른 사람의 소비보다 나은 소비를 서로 자랑해야 '인싸'로 살아남을 수 있게 되었다.

정체성에 대한 결핍은 긍정적인 방향으로도 나타난다. 애플 디자인의 아버지이자 산업디자인의 전설 디터 람스(Diter Rams)는 풍족한 시대의 결핍에 대해서 강조한다. 그는 자신의 다큐멘터리 영화

〈람스〉에서 "실제로 필요하지 않는 것들을 소비하고 있고, 불균형을 느끼고 살아간다"라고 했다. 풍족한 지금의 세대는 맹목적인 소비로 인한 부작용을 회복하고자 하는 결핍을 느낀다는 것이다. 카페에서는 텀블러를 사용하고 플라스틱 비닐봉투를 사용하는 것을 비판한다. 그리고 자신은 면으로 제작된 에코백을 사용한다. '소셜 미션'을 행함으로써 심리적 불편함을 해소한다. 문제의 해결이 결핍의 해소 그 자체고 그것으로 자신을 증명하기도 한다.

이처럼 결핍은 새로운 비즈니스의 원동력이 된다. 정치, 독서, 취미 등 자신의 삶을 디자인하고 싶은 사람들을 위한 플랫폼들이 속속 등장한다. 같은 관심사로 사람들을 모으기만 했는데 기꺼이 정기 결제를 신청한다. 발 디딜 틈 없이 항상 매진이다. 이런 변화는 새롭지만 확실한 패턴을 증명한다.

결핍으로 문제를 찾는 법, '채움-더 채움'

안정적으로 어디엔가 소속되는 것이 과거였다면 현재는 유목민을 원한다. 예전에는 큰 조직의 거대한 안정성을 추구했다면 이제는 작은 조직의 민첩한 움직임을 원한다. 이전엔 안정된 일자리의 고정된 인생을 원했다면 지금은 빠른 달성으로 빠른 성장을 원한다.

위의 흐름은 결핍이 주는 본능이다. 부족했던 부분 또는 반대 면을 채우고 싶게 한다. 지금 가진 것의 반대 방향으로 흘러가게 하며 마치 균형을 이루듯 움직인다. 새로운 답이 등장하면 그것은 그때만 옳은 것이 되고 또 다시 반대의 본능이 발현된다. 시대를 불문하고 이런 변화는 계속된다.

대표적인 예가 소형 공유 오피스이다. 국내에서 유행한지는 채 5년이 되지 않았다. 임대료가 너무 비싼 탓에 창업이 어려운 사업 초기의 비즈니스맨을 대상으로 유행을 탔다. 초기 공유 오피스는 독서실의 형태로 나만의 공간을 갖게 하는 것으로 성공했다. 하지만 얼마 지나지 않아 충분히 많은 사람들이 소형의 가치에 충족할 때 즈음 결핍이 등장했다. 독립된 소형 오피스는 비즈니스에서 고립되고 다른 사람과의 유대가 어렵다는 것이다. 결국 많은 공유 오피스들이 결핍을 채우는 다음 단계로 들어서게 되었다. 소형의 가치에 공유시설과 이벤트를 통한 연결에 발 벗고 나선 것이다. 공동의 시설에서 이루어지는 우연한 만남을 통해 그들의 연속된 결핍을 해소해주고자 했다. 이런 시스템이 자리 잡을 즈음 또 다른 결핍이 등장한다. 바로 만남의 질이다. 단순히 서로 알게 하는 것은 음악회나 와인파티로 충분했지만 그것은 비즈니스에 대한 결핍을 완전히 해소하지 못했다. 그래서 시작된 것이 글로벌 공유오피스 대표주자 위워크(Wework)의 글로벌 서밋(Global Summit)이다. 세계에 있는 회원들의 비즈니스 중에 정상급의 비즈니스 운영자들이 함께 대화를 하고 통찰을 공유하는 자리를 만들어 간다. 채움-더 채움의 방법으로 비즈니스는 계속 흘러간다.

당신이 머무르는 비즈니스 영역은 지금 어떤 균형점을 찾아가고 있는가? 혹시 상품의 질이 충분이 좋다고 평가받는다면 사람냄새

위워크의 공간 임대는 단면일 뿐,
글로벌 비즈니스 네트워크가 주목적이다.

나는 서비스를 원할지도 모른다. 반대로 서비스가 완벽해진다면 이제 저렴한 가격이나 더 나은 성능의 상품을 원하게 될 것이다. 우리가 집중했던 전략의 반대편에 고객의 결핍이 있는지 확인할 수 있다면 경쟁자보다 한발 더 빨리 변화를 준비 할 수 있을 것이다.

사회적 동물이 가진 또 다른 결핍

우리 자신만으로는 삶이 옳은지 기준을 세우기 어렵다. 언뜻 생각하기에는 나 혼자만의 생각으로 옳고 그름을 판단하며 사는 것 같지만 사실은 우리 사회 속에서 비교하며 기준을 세워간다. 대부분의 사람들은 비교하는 과정에서 하나의 감정을 느끼게 된다. 누군가 조금 더 나은 것을 가졌을 때 나도 그렇게 되기를 원하게 되는 감정, 바로 '시기심'이다. 시기심은 사회적 동물이 가진 결핍의 원동력이다.

철학자 니체는 이에 대해 '르상티망(Ressentiment)'이라고 부른다. 약한 입장에 있는 사람이 강자에게 품는 질투, 원한, 증오, 열등감 등이 뒤섞인 감정이라는 뜻으로, 다른 사람이 가지고 있는데 나는 없는 그 무엇인가를 떠올리며 탄생하는 감정들이다. 패배한 사람들의 분노라고도 표현하지만 거울에 비추어 보면 그 사람처럼 되고 싶거나 더 나아지고 싶다는 열망이기도 하다. 필요해서 부족한 것뿐만 아니라 타인의 수준에 올라서고 싶은 마음도 결핍의 한 줄기다.

르상티망은 많은 사람들이 겪는 자연스러운 현상이다. 그래서 비즈니스가 되는 문제해결을 발견하기 가장 쉬운 분야 중 하나다. 우리나라에서 화술, 연애 등 삶의 스킬에도 학원문화가 자리 잡은 것 또한 내가 다른 사람만큼 무엇인가를 하고자 하는 열망에서 비롯되었다고 볼 수 있다. 요즘은 유튜브로 세상과 소통하는 사람들을 부러워하니 유튜브를 하도록 도와주는 비즈니스가 생겨나고, 프로게이머들이 유명해지니 프로게임단에서 은퇴한 선수들이 게임을 가르쳐주는 비즈니스로 연결한다. 출판산업을 살펴보아도 이런 트렌드가 보인다. 사람들의 입에 '혁신'이라는 단어가 본격적으로 오르내리니, 다양한 혁신도구와 도서들이 불티나게 팔렸다.

나 자신이나 타인의 '르상티망'을 읽으면 그들이 무엇이 되고 싶어 하는지 알 수 있다. 그들을 원하는 모습으로 만들어주는 것은 풍요의 시대를 사는 사람들의 마지막 단계의 결핍이다. 다음 표를 채우면서 나와 주변 사람들에게 어떤 결핍이 있는지 찾아보자. 단 해결책을 지금 찾을 필요는 없다.

구분	부족해서 생기는 결핍	채워져서 생기는 결핍	시기심으로 생기는 결핍
탐색방법	필요한 것, 달성할 것	있어서 부담되거나, 더 나아져야 하는 것	누군가처럼 되거나 앞서고 싶은 욕구
나 자신			
직장 동료			

결핍의 시점을 주목하라, 한계치 맵

고객의 마음을 알기 전에 행동 변화에 주목한다

고객이 특정 행동을 할 때 어떤 이유가 있는지 궁금하지 않은가? 고객의 마음을 훔치면 우리의 전략은 매우 강력해진다. 세계에서 가장 혁신적인 기업 IDEO의 CEO 팀 브라운이 극찬한 얀 칩체이스(Jan Chipchase)의 한계치 맵(Threshold Map)을 활용하면 고객의 이유를 찾는 불가능을 가능하게 할 수 있다.

한계치 맵에서 가장 중요한 개념은 특정한 의사결정을 하지 않는 상태 곧 평상시를 'Comfort Zone'으로 설정한다. 그리고 이것을 중심으로 고객의 결핍이 구매와 같은 행동변화를 일으킬 때 어떤 원인이 있는지 탐색하는 도구이다. 특정한 고객 개인을 분석해서 후보요인을 탐색하는 것에 가장 많이 사용하고, 가능하다면 집단을 측정해서 요인별로 행동을 유도하는 강도까지도 분석할 수 있다.

예를 들어보자. 당신은 구제 옷을 판매하는 사업자로, 창고의 재고에 대한 고민이 너무 큰 상태였다. 그러던 어느 날 갑자기 온라인에서 20대들에게 주문이 들어오기 시작했다. 평상시와 달리 20대들에게 Comfort Zone을 벗어나 구제 옷을 구매하는 행동이 발생했다. 당연히 당신은 이유를 찾아서 더 많은 매출을 위해 마케팅을 하고 싶을 것이다. 이때 판매되는 시점 앞뒤로 어떤 일들이 생겼는지 탐색하는 것이다. 드라마에서 미남 구제 옷 사장이 나왔는지, 백화점의 옷 유통마진에 대한 악성 기사가 발생했는지 혹은 온라인 상점에 가격을 실수로 낮게 올려놨는지 빨

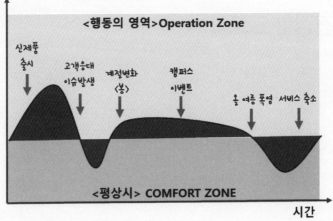

| 판매량을 기준으로 만든 한계치 맵 |

리 찾아야 한다.

한계치 맵 사용 방법

먼저 관찰해야 하는 특정 행동을 정한다(대학생이 상품을 구매하는 순간). 그다음 특정 행동이 발생하는 상황들을 찾아낸다(계절 변화, 신학기, TV노출 등). 그리고 나서 가장 연관이 높은 상황 대상으로 문제를 정의한다.

한계치 맵을 사용하는 정석의 방법은 평상시의 상태를 가운데에 두고 위, 아래로 최저한계치와 최고한계치를 설정하는 방법이다. 하지만 도구가 복잡해지면 분석도 어려워지는 법. '행동의 변화'를 기준으로 어떤 일이 생기는지만 보아도 충분한 역할을 한다. 게다가 고객 관찰 마케팅의 기본을 탄탄하게 해준다. 분야를 막론하고 분석의 시작점에 활용하기에 강력하게 추천한다. 하지만 모든 분석 도구가 그렇듯 해석하는 사람의 이해의 깊이에 따라서 전혀 다른 결과를 낳을 수 있다.

상대의 문제를 해결하는 자가
진정한 프로다

'고구마'라는 사람이 있습니다.

고구마 군은 따뜻한 땅을 좋아하는 만큼 따뜻한 사람입니다.

일도 열심히 하고 1년에 한번 꼭 대박을 치는 사람입니다.

올해 여름 '사이다' 양을 만나게 되었지요.

사이다 양은 유명해요. 시원시원한 성격을 가진 사람입니다.

많은 사람들이 좋아해주고 우러러보는 사람입니다.

사이다 양과 함께 데이트를 하며 페이스북에 사진을 올립니다.

#시원한고구마 #어제의나는없다 #난이제사이다 #Cider

시원한 곳에 함께 다니고, 시원한 옷을 입고,

그러던 어느 날 몸에 싹이 나기 시작하더라고요. 몸이 간질거려 사이다

양에게 짜증도 내고,

몰래 따듯한 이불을 덮고 있다 보니 이런 생각이 들었어요.

'사람들한테 잘 보이기 진짜 힘드네'

고구마 군과 사이다 양의 이야기는 퍼스널 브랜딩에 대한 대표적인 오해를 보여준다. 쉽게 말해서 퍼스널 브랜딩은 나를 좋은 이미지로 '포장'하는 기술이 아니다. 고구마 군은 평소 답답한 이미지가 싫어서 '시원한 이미지'를 가진 사람을 동경하고 그렇게 보이려고 노력한다. 하지만 자신이 시원하게 문제를 해결하는 사람이 아니라면 그것은 불가능에 가깝다. 평생 연기를 하고 살면 얼마나 불편할까? 보이는 모습은 금방 바닥나고 결국 '척'이 되고 만다. 연기가 아닌 진짜 나와 비즈니스도 되는 나의 퍼스널 브랜딩 무엇으로 찾아야 할까? '남의 문제'가 여기서 꼭 필요하다.

나는 어떤 문제를 해결해주는 사람인가?

요즘 퍼스널 브랜딩에 관심 없는 사람이 있을까? 예전에는 프리랜서만 자신을 팔아야 하는 줄 알았는데 요즘은 직장에서도 심지어 친구들 사이에서도 나를 보여주는 것이 너무나 당연한 세상이 되었다. 그런데 쉽지 않다. 무엇을 보여주기 싫은지는 알겠는데, 무엇을 보여줘야 할지는 모르겠다. 그런 사람들에게 세계에서 가장 영향력 있는 브랜드 컨설팅 회사 Interbrand의 CEO 찰스 트리베일(Charles

Trevail)이 그 답을 제시했다.

"제품 외부 또는 포장에 브랜드를 담아 진열장에 광고하는 시대는 끝났다. 고객이 구체적으로 어떤 경험을 하는지가 핵심이 됐다."

그는 코카콜라를 예를 들어 쉽게 설명했다. 과거에는 코카콜라가 가진 디자인이나 문구가 중요했다면, 지금은 코카콜라를 마시면서 갖는 느낌이나 경험이 중요해졌다는 것이다. 가족과 함께하는 시간, 연인과의 저녁식사, 여행지에서의 갈증을 해소하는 경험처럼 말이다. 시장에 먹히는 퍼스널 브랜딩을 찾으려면, 나는 '어떤 문제를 해결하는 경험'을 주는 사람인가를 정확히 정의해볼 필요가 있다.

예를 들어 데이터를 정리만 하는 사람과 데이터를 보는 사람이 해석하기 쉽도록 정리하는 사람은 다르다. 보험영업만 하는 사람과 고객이 보험금을 받을 수 있도록 복잡한 절차를 도와주는 사람은 다르다. 강남에서 영어강의만 하는 사람과 퇴근하고 지친 직장인이 즐겁게 회화를 배우도록 하는 사람은 분명히 다르다.

고객 입장에서의 문제로 해석하는 사람은 차별된다. 사소해보이지만 분명한 영역을 갖고 분명한 경쟁력을 가지게 된다. 그것이 남들과 다른 퍼스널 브랜딩의 핵심이다. 그래서 '남의 문제'를 '나의 문제'로 보는 시각이 비즈니스의 기본이 된다. 이렇게 문제로 퍼스널 브랜딩을 확실히 하는 사람들은 행동마저도 분명하다. 내가 더 공부해야할 분야도 개선해야할 포인트도 확실하다. 문제를 통해서 고객들은 더 쉽게 기억하고 더 쉽게 떠올릴 것이다. 이것이 퍼스널 브랜딩의 핵심이지 않은가.

기업의 비전과 브랜딩도 문제로 설명할 수 있다

1970년 3M 중앙연구소의 스펜서 실버(Spencer Silver)는 더 강력한 접착제를 개발하기 위해 연구했다. 실수인지 우연인지 그는 용해되지 않는 특이한 접착제를 개발했다. 접착력은 약했고 다른 곳에 강하게 붙지 않았다. 프로젝트는 완전히 실패했다.

그로부터 4년 뒤 3M의 테이프 사업부에서 일하던 한 연구원은 찬송가집을 뒤적이다 책갈피를 떨어뜨렸다. 평범하게 풀로 붙여보았지만 책도 같이 찢어질 뿐이었다. 이때 머릿속에 있던 3M의 비전 '과학으로 삶을 개선한다'가 떠올랐다. 문제의식이 명확한 비전이 문제가 발생했을 때 작동했다. '어떻게 하면 메모지의 불편함을 개선할 수 있을까?'라는 고민 끝에 그는 버려질 뻔했던 실패한 접착제 프로젝트가 떠올렸다. 그리고 이것으로 포스트잇을 개발했다.

이렇게 탄생한 포스트잇은 현재 온 세상의 책상을 차지하고 있다. 만약 이들이 '접착을 강하게' 또는 '고객을 향한 우리의 열정'과 같은 문제의식이 없는 형편없는 비전을 가지고 있었다면 이 프로젝트는 폐기되었을 것이다.

포스트잇이 개발된 스토리는 그들의 비전처럼 누군가의 삶을 개선하는 방향성을 띄고 있다. 아주 명료하게 그들이 무엇을 하는 회사인지 보여준다. 당연히 성과로 이어진다. 문제의식이 포함되어 있기 때문에 정확하게 작동할 수 있는 것이다. 하지만 스쳐지나가는 많은 기업의 흔한 비전은 문제의식이 결여되어 있다. 전시하기 위해 번지르르한 단어들을 나열했을 뿐 분명한 문제의식은 보이지 않는다. 3M의 분명한 비전이 주는 메시지는 명확하다. 성공하는 기업의 비전에는 분명한 문제해결이 포함되어 있다.

나와 우리 조직을 가치 있게 하는 문제를 찾아라

고객들이 얼마나 현명한 존재인가? 기업의 방향이 조금만 변해도 이상한 낌새를 바로 챈다. 엄청난 성공을 이뤄낸 '배달의 민족'의 비전은 '좋은 음식을 먹고 싶은 곳에서'였다. 실제로 고객들이 좋은 음식을 먹고 싶은 곳에서 먹을 수 있는 활동이라면 누구도 의사결정을 할 수 있도록 했다. 하지만 얼마 전 비전과 다른 수익을 위한 한 가지 의사결정을 했다. 고객이 보기 쉬운 카테고리가 아닌 수익을 증가시키는 것이었다. 문제해결의식을 내려놓고 비전을 등지는 순간 모든 것은 틀어지고 불매운동으로 이어졌다. 문제해결의 비전을 세우고 진정으로 향하는 것 그것은 엄청난 힘을 가져다준다.

다음 표를 채우면서 내가 하는 일을 다시 정의해보고 나에게 질문해보자. 나는 어떤 문제해결을 하는 사람인가? 그 문제가 정말 다른 사람들에게 가치를 주는가? 그것이 나에게 기회가 되는가? 당장 답이 나오지 않는다면 천천히 자신의 취미, 특기와 고객들을 연결지어보며 숙고해보자. 결국 나와 우리 조직을 가치 있게 하는 문제가 있을 것이다. 그것을 씹고 뜯고 맛보고 즐기는 것이 지속성 있는 브랜딩으로 안내할 것이다.

나는 누구의	어떤 문제를	해결하는	사람인가?
나한테 보험을 가입한 사람은	보험금 청구가 어려워 받지 못하는 문제를	가입을 권유한 사원이 책임지고 청구하는	책임감 있는 영업사원
힘들어하는 친구에게	쉽게 말 못하고 답답해하는 문제를	공감하고 비밀을 지키는	어려울 때 함께하는 친구

고객의 마음속으로, 감정 지도

예측 불가능한 고객들의 행동 뒤에 어떤 프로그램 있는지 밝혀낼 수만 있다면,

고객의 마음을 읽고 행동을 예측하는 것이 가능해진다.

- 한스-게오르크 호이젤, 《뇌, 욕망의 비밀을 풀다》

어떻게 하면 고객에 대해 깊은 이해를 할 수 있을까? 답은 간단하다. 고객에 대해서 알아야 한다. 하지만 어떻게? 고객의 입장에서 고민하는 경험이 필요하다. 얼마나? 더도 말고 덜도 말고 딱 고객만큼 알아야 한다. 고객이 어떤 생각을 하는지, 어떤 영향을 받고 어떤 결정을 하고 사는지 고민할 필요가 있다. 이 대단한 일을 하는 대표적인 문제해결 도구인 '감정 지도(Empathy map)'를 알아보자.

어려운 일을 쉽게 하는 가장 좋은 방법은 정확히 적어보는 것이다. 스탠퍼드 D 스쿨(dschool.stanford.edu)에서 개발한 감정 지도 역시 고객에 대해서 고객에 대해서 기록하는 것으로 시작한다. 이것만으로도 편견이나 감정에 휘둘리지 않고 고객을 바라볼 수 있게 한다. 고객감정 지도는 고객이 '문제'를 대할 때의 4가지 요소, 말(Said), 행동(Did), 생각(Though), 기분(Felt)을 고민하고 기록하도록 한다. 단, 여기서 가장 중요한 것은 나의 판단의 근거를 만드는 것만 정리하는 것이 아니다. 고객의 경험이라면 가능한 자세하게 그리고 많이 찾는 것이 가장 핵심이다. 나를 잠시 내려놓고 고객의 가면을 쓰고 작성하다 보면 답을 찾을 수 있을 것이다. 감정 지도의 사용방법은 다음과 같다.

감정지도
Empathy Mapping

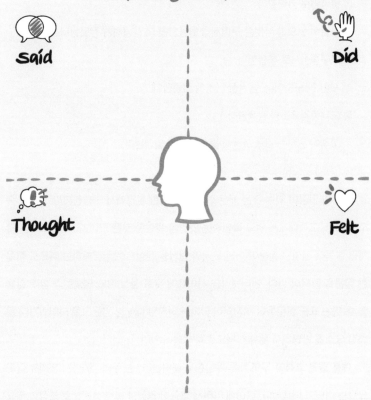

1. 핵심고객을 정의한다

   가장 관련이 높은 고객을 선택하고 탐구 범위를 설정한다.

2. 자료를 수집한다

   워크숍 하는 것도 좋지만 인터뷰를 활용하는 것을 추천한다.

3. 영역별로 기록한다

   공감이 필요한 부분은 구어체를 활용하면 더 생생하게 전달된다.

4. 요구중심으로 통합한다

   표현 간 모순이나, 숨겨진 니즈에 집중한다.

5. 고객공감요소를 탐색한다

   고객이 원하는 것 & 고객이 불편한 것을 알아본다.

고객의 입장이 되는 것은 매우 어렵다. 가능한 환경에서 구성원끼리 고민할 수도 있지만, 고객에게서 얻고 확인하는 것만큼 확실한 것은 없다. 답을 유도하는 것처럼 한쪽에 편향된 질문이 아닌 고객의 입장을 진심으로 궁금해하는 태도로 적절한 질문을 던져야 한다. 인터넷각종 사이트에 무료 감정 지도 템플릿과 함께 활용할 수 있는 표준 질문들이 제시되어 있기는 하지만 대부분 영문으로 되어있거나 문화적 요소를 반영하지 못한 직역으로 해석되어 있다.

예를 들면 고객이 '무엇 때문에 밤잠을 설치는가?'는 우리나라에서 인터뷰 질문으로는 어딘가 어색하다. 분야에 따라서 고객이 경험할 법한 질문으로 조정할 필요가 있다. '구입하려고 결정했다가 마음을 바꾼 경험이 있나요? 그렇다면 이유는 무엇인가요?'처럼 친절함을 담아 프로젝트에 맞는 질문을 던질 필요가 있다.

고객의 감정이 다양하듯, 감정 지도는 다양한 양식으로 발전되어 왔다. 스

구분	질문
말 (Said)	✓ 고객은 어떤 단어나 정의를 사용해서 이야기하나요? ✓ 고객이 사용하는 단어의 특징이 무엇인가요? ✓ 고객은 문제를 다른 사람들에게 어떻게 설명하나요? ✓ 고객이 문제를 처음 접한 후 하는 표현은 무엇인가요?
행동 (Did)	✓ 고객은 문제 상황에 어떻게 행동하나요? ✓ 고객의 반복되는 행동/특수한 행동은 무엇인가요? ✓ 고객의 말과 행동이 대조적인 부분은 무엇인가요?
생각 (Thought)	✓ 고객은 문제 상황에서 어떤 생각이 들까요? ✓ 고객이 표현하지 않지만 분명히 드는 감정이 있다면 무엇일까요? ✓ 고객의 결정에 영향을 주는 타인의 가치는 무엇일까요?
감정 (Felt)	✓ 고객이 문제 상황에서 어떻게 느낄 것 같나요? ✓ 고객이 진정으로 중요시 하는 것은 무엇일까요? ✓ 고객은 무엇으로 인해 마음이 움직일까요?

탠퍼드 D스쿨의 전통적 감정 지도 외에도 IDEO(ideo.com/blog), Strategyzer(strategyzer.com) 등 다양한 기관에서 다양한 디자인을 제공하니 사용자에 따라서 적합한 디자인을 선택해 사용하면 된다.

감정 지도가 타인을 이해함에 있어서 매우 좋은 도구임이 틀림없지만, 모든 도구가 그렇듯 도구에 매몰되어서는 안 된다. 도구를 사용만 한 다음 '우리는 고객을 이해했어'라고 생각하는 경우가 너무 많다. 지금까지 내가 생각하지 못한 무엇인가를 찾는 과정이라는 것을 잊어서는 안 된다. 그래서 고객에게 적합한 통찰이 나타날 때까지 과정이 반복되는 것은 당연하다. 그렇게 고민하고 또 반드시 확인하다 보면 분명히 드러난다.

승리할 수 있는 단 하나,
고슴도치 전략

세상 모든 문제를 내가 해결할 수는 없잖아

어린 아이에게 '꿈이 뭐니?'라고 물으면 뭐라고 대답하는가? 예전에는 '대통령이요'처럼 큰 꿈을 이야기하는 것이 대세였다. 또는 '하늘을 나는 사람이요'라고 비현실적인 이야기를 했다. 요즘 아이들은 '유튜버'라며 유행을 따르는 답을 하기도 하고 '공무원이 최고예요'라며 어른스러운 답변을 하는 아이들도 있다. 누군가 당신에게 같은 질문을 던지면 무엇이라고 할 것인가? 답변이 쉽게 나오지 않는가? 답을 찾는 방법을 동물에게서 찾아볼 수 있다.

여우는 많은 것을 알지만, 고슴도치는 한 가지 큰 것을 안다.

- 짐 콜린스, 《좋은 기업을 넘어 위대한 기업으로》

짐 콜린스는 복잡한 문제가 세상에 널려있는 지금과 같은 환경의 기업전략을 수립하는 방법으로 고슴도치 모델을 제시했다. 내용은 아주 심플하다. 여우는 고슴도치를 기습할 수 있는 다양한 전략을 무수히 짜낼 줄 아는 교활한 동물이다. 하지만 고슴도치는 자신의 몸을 동그랗게 말고 가시를 세우는 단 하나의 전략만 가능하고 전력투구한다. 결국 늘 이기는 것은 고슴도치이다. '승리할 수 있는 단 하나'를 찾아야 한다는 것이다. 이 전략은 기업뿐만 아니라 창업, 진로, 면접 등 여러 곳에서 최선의 전략을 찾는 것에 응용해 널리 쓰이고 있다.

고슴도치 모델 응용하기

고슴도치 모델은 세 가지 원으로 구성되어 있다. 세 가지 원은 내가 해결하는 일(Passion), 내가 잘하는 일(Best in the world), 내게 경제력을 주는 일(Economic Engine)이다. 그리고 세 가지 원이 겹치는 부분에 해당하는 문제를 '내 것'으로 추구하는 것이다. 이보다 더 심플할 수 없다.

고슴도치 전략을 활용한 대표적인 사례로 샌드위치 브랜드 '서브웨이'를 꼽을 수 있다. 서브웨이의 창업주는 샌드위치를 매우 사랑

했다. 그리고 공사장의 인부들의 삶을 잘 알고 있었다. 그는 이 두 가지 요소가 시장성이 있음을 찾아 고슴도치 모델을 완성시키고 세계적인 기업으로 거듭나게 되었다. 사실 우리의 주변에서도 고슴도치 모델처럼 세 가지 원의 공통점으로 성공한 사람들을 많이 찾아볼 수 있다. 1등 운동선수는 아니라도 유쾌한 입담을 장점으로 스포츠의 재미를 더해주는 해설자가 된 사람, 튼튼한 건물은 짓지 못하지만 빠르게 비슷한 건물을 만들어내는 전략을 추구하는 스튜디오 디자이너, 어렸을 때부터 사람의 손가락에 관심이 있었던 앱 인터페이스 컨설턴트들이 모두 고슴도치 모델을 충족시키는 사람들이다.

고슴도치 모델은 매우 간단하고 설득력있다. 하지만 고민 없이 한 순간에 답이 나오지는 않는다. 다음과 같은 질문들을 함께 고민해야 한다.

- 내가 지금까지 해결해 온 경험은 무엇인가?
- 내가 다른 사람들보다 더 나은 방법을 가지고 있는 것은 무엇인가?
- 내가 가장 잘 이해하는 다른 사람의 행동은 무엇인가?
- 내가 평소에 가장 관심 있어 하는 대상은 무엇인가?
- 내가 사람들로부터 받은 반응 중 무엇이 가장 가슴을 뛰게 하는가?
- 내가 해결한 문제에 사람들이 얼마나 대가를 지불할 수 있는가?

세 가지 원을 모두 둘러보며 가운데로 좁혀가자. 마음이 급해 답부터 찾는 것은 불가능하다. 내가 가장 잘 알고 있는 나에 대한 부분

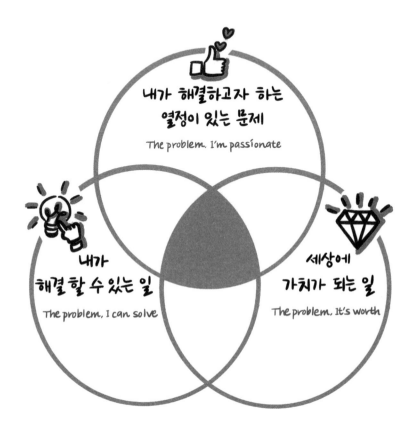

세상에
가치가 되는 일

The problem. It's worth

내가
해결할 수 있는 일

The problem. I can solve

내가 해결하고자 하는
열정이 있는 문제

The problem. I'm passionate

부터 차근차근 시작하자. 세상의 문제 중 당신이 특별히 에너지를 쏟는 문제를 찾아보라. 회사에서 어떤 일이 생기면 나만 찾는 경우는 언제인가? 다른 사람이 무엇을 기뻐할 때 나도 기쁜가? 나는 봉사하는 마음에서 하는데 누군가는 그것을 큰 비즈니스로 만들고 있지 않은가? 한 걸음부터 시작하며 찾아보자.

나의 고슴도치에 고객 추가하기

이제 남은 일은 고객을 만나는 일이다. 고객은 고슴도치 원을 현실로 만들어주는 가장 소중한 사람 '귀인(貴人)'이다. 내가 집중하고 있는 하나의 문제를 가장 간절하게 여기는 사람이다. 같은 문제를 다룬다 하더라도 누구를 만나는가에 따라서 많은 것이 변한다. 모두 고객이 결정한다. 꼭 수익만을 말하는 것이 아니다. 직업, 장소, 심지어 입어야 하는 옷까지 모든 것이 달라진다. 나를 빛나게 해주는 고객은 누구인가?

조심해야 할 것이 하나 있다. 우리는 일반적으로 고객을 집단의 대표성으로 구분한다. 하지만 이는 매우 위험하다. 'CEO', '구매자', '신생아 엄마', '1인 가구'와 같은 구분은 고객을 명확히 하기에 턱없이 부족하다. 집단의 모든 사람이 같은 특징을 가지고 있다고 보는 것은 매우 게으른 판단이다. 자신의 판단 이외의 다른 가능성을 인정하지 않는 오류를 범하게 한다. 이것을 심리학에서는 '성급한 일반화의 오류(hasty generalization)'라고 한다.

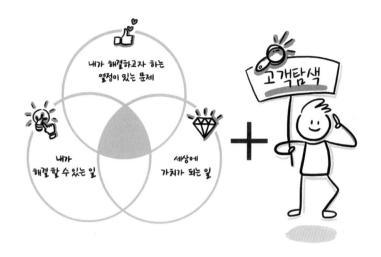

　'CEO는 돈을 버는 것을 설명해주면 좋아할 거야', '유아가 한입에 삼킬 수 있는 크기를 선호할 거야'는 옳은 명제일 수 있지만 그것만으로는 충분하지 않다. 대표성은 '필수적인 것'이지 완전하게 만들어주는 것은 아니다. 나의 고슴도치 모델이 필요한 고객이 언제, 어디서, 무엇을, 왜 원하는지 정도는 명확하게 이야기할 수 있어야 한다.

고객의 문제를 해결하는 방법은 다양하다

고슴도치 모델과 고객의 원이 만나는 지점을 찾는 것만으로도 큰 의미를 갖는다. 예외 없이 그렇다. 당신이 직장인, 비즈니스맨, 프리랜서, 취업준비생 누구라도 이것에 해당된다. 삶의 시간과 피, 땀, 눈

물을 넣어서 쌓은 지식과 경험은 무엇을 위한 것인가? 다른 사람의 답을 따라가기에는 너무 아깝지 않은가. 문제로 바라보면 답은 여러 가지가 될 수 있다.

만약 당신이 '빵 만드는 일'을 선택했다면 빵을 만들 것인가? 빵을 판매할 것인가? 아니면 빵을 만드는 사람을 양성할 것인가? 이 세 가지는 전혀 다르다. 최근에는 세 가지를 동시에 달성해서 수익을 창출하는 '파이프라인'을 다양하게 하는 사람들도 있다. 답은 여러 가지가 될 수 있고, 내가 여러 가지를 선택할 수도 있음을 잊지 말자.

지금 내가 좋은 전략을 찾았다 하더라도 이 역시도 변한다. 지금은 내가 직접 해결해주는 것으로 나를 빛나게 할 수도 있지만, 일정 수준에 오르면 후계자를 양성하는 것이 세상에 더 많은 기여를 하는 모델이 될 수도 있다. 이처럼 같은 문제라 하더라도 어떻게 해결할 것이냐에 따라서 전혀 다른 방법들을 사용할 수 있다. 고객도 당연히 달라진다. 내가 대신 해결해주면 만족하는 고객이 있는가 하면, 내가 도와주면 스스로 해결할 수 있는 고객도 있다.

다음은 고슴도치 전략을 직접 적용해볼 수 있는 표이다. 현재 내가 가지고 있는 생각들을 정리해 빈칸을 채워보길 바란다. 열심히 문제를 해결하는 과정에서 가끔은 자신과 고객을 고슴도치 모델에 견주어 보며 그 지점을 점점 올리면 언젠가 당신은 당신의 분야에서 우위를 점하고 있을 것이다.

고슴도치 전략 탐색 템플릿

👍 내가 열정이 있는 문제	💡 내가 해결할 수 있는 문제	💎 세상에 가치가 있는 문제

🏆 나를 성장 시키며 즐거움을 갖는 일

내가 할 수 있고 금전적 이득이 되는 일

내가 지속적으로 성장하는 최적의 비즈니스가 될 수 있는 일

+

👫 문제를 겪고 있는 대표적인 고객들 (구체적으로)

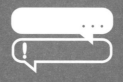

Chapter 4

—

문제를 알면
문제가 쉬워진다

"한 번에 모든 문제를 해결하려고 하지 마세요.
그저 문제를 하나씩 줄여나가세요."

- 리처드 S. 슬로머

내 친구 '문제'를
소개합니다

고등학교 때 많은 친구들이 왜 수학을 포기했을까? 이유는 간단하다. '잘 몰라서'이다. 사실 수학은 맥을 조금만 잡으면 쉬워진다. 문제도 마찬가지다. 문제가 무엇인지 알면 어려울 것이 전혀 없다. 이름이 예쁘지 않아서, 뭔가 무섭게 생겨서 멀리 하지 말고 친해지기 시작해보자.

"안녕? 문제야."

"고향이 어디야?" "머릿속에서 태어났어요"

문제는 어디서 태어났을까? 문제의 고향은 사람을 향해 있다. 바로 우리의 머릿속에서 태어났다. 문제는 사람의 인식에 따라서 생겨나기도, 사라지기도 한다. 우리는 지금 무엇인가 잘못되었다고 생각하는 그때, 문제를 세상에 태어나게 한다. 결국 문제는 우리가 세상을 지금보다 더 나은 상태로 만들고자 하는 마음이 만들어 낸 것이다.

"넌 어떤 스타일이야?" "천사와 악마예요"

문제는 만나는 사람하고 어울리는 능력이 있다. 연인하고 만나면 '연애 문제', 사장님을 만나면 '매출 문제', 심지어 물건이 버려지면 '쓰레기 문제'가 된다. 누구를 만나던 그 모습을 따라서 닮아간다. 그런데 문제를 만날 때 둘이 함께 등장한다. 악마는 '문제'를 무시하자고 속삭이고 '천사'는 성실하게 해결하자고 말한다. 선택만 우리의 몫이다.

"뭐가 되고 싶어?" "원인, 해결 그리고 또 다른 문제요"

문제는 매번 변한다. 그래서 문제가 지금 어떤 생각을 가지고 있는지 알기가 어렵다. 어렸을 때 엄마하고 있을 때는 "건강하게만 자라다오"라고 하더니, 갑자기 "반에서 중간만 했으면"이라고 한다. 이제는 '게임을 많이 하는 것'이 문제란다. 종잡을 수가 없다. 게다가 항상 "예쁜 내 새끼" 하며 아껴주는 엄마는 문제를 계속 변하게 한다. 그래도 어떻게 변해도 '내 새끼' 문제가 맞다. 문제는 한 가지 형태가 아니다. 항상 변한다.

무엇인가 잘못되었다고 생각할 때 우리는 그것을 '문제'로 삼는다. 문제는 무엇인가 잘못된 상태의 '원인'이 되기도 하다. 다른 사람과 '문제'에 대해 다르게 생각하면 '갈등'이 된다. 다른 사람과 '문제'에 대해 지속적으로 같은 생각을 하면 '문화'가 된다. 문제는 우리의 많은 모습들을 닮아 있다.

아직 어렵다. 문제와 조금 쉽게 친해질 수 있을까?

문제의 반은 적는 순간 해결된다

문제를 가장 효과적으로 해결할 수 있는 방법은 앞서 강조한 것처럼 '적어보는 것'
이다. 내 문제가 무엇인지 머릿속에서 고민하지 말고 직접 손으로 적어보자. 글로
표현하면 실체가 분명하게 보인다. 때로는 적어보는 과정에서 간단한 문제들은 허
무하리만큼 정리가 되고 해결책까지도 떠오른다.

　문제를 적을 때 내가 원하는 문제의 결과물을 함께 적어본다면 효과가 배가 된
다. 만약 해결된 모습이 정확히 그려지지 않는다면 '아직 다가오지 않은 고민'일 가
능성도 있다. 우리의 고민 중 90%는 쓸데없는 것 아닌가? 그것만 정리해도 우리의
삶은 훨씬 가벼워진다. 여기에 실행력을 높이는 방법도 간단하다. 문제가 해결되었
으면 하는 시점도 함께 기록하자. 시간이 얼마나 있느냐에 따라서 문제는 당신에게
전혀 다르게 다가올 것이다.

　문제를 기록한 후에는 몇 가지 포인트를 가지고 점검해보자. 구체적으로 표현
하지 않은 곳은 살펴서 다시 정리를 하자. 내가 적은 문제가 다른 것과 연관되어 있
으면 함께 적는 것이 좋다. 혹시 이 문제가 '예, 아니오'로 결정만 하면 되고 미루고
있지는 않은지, 일어나지 않을 법한 문제는 아닌지 점검하면 머릿속에 있는 문제가
좀 더 명쾌하게 정리될 것이다.

머릿속의 문제를 꺼내서 적어주세요, 무엇이 고민이신가요?

그 문제가 해결되면 무엇이 좋아지나요?

문제는
현실+기대다

문제란 무엇인가

문제란 뭘까? 단순한 질문이 가장 어렵다. 학교에서 배운 적도 없고, 질문을 하면 오히려 '왜 그런 게 궁금해?'라며 4차원이라고 놀려댄다. 결국 답하기를 피하면서 알고 있다고 착각하고 넘어간다. 진짜로 알고 있다면 쉽게 설명할 수 있을 텐데 말이다. 우리는 다양한 각도에서 문제에 대해 답을 해볼 필요가 있다. 그리고 설명하다 보면 내가 명확히 알고 있는지 확인할 수 있다.

정의를 내리는 것은 어렵지만 반대를 생각해보면 실마리가 보인다. 자, 문제가 아닌 것은 뭘까? '충분히 가지고 있을 때', '다른 사람에게 방해가 되지 않을 때', '만족하고 있을 때', '귀찮게 하지 않는 상태' 등 다양한 관점으로 바라볼 수 있다. 어떤 답변이던 두 가지 맥락이 문제 안에 존재한다. 바로 내가 생각하는 현실(As-is) 그리고 내가 기대하는 모습(To-be)이다. 문제가 아닌 것은 '현실과 기대가 일치할 때'다.

이제 다시 돌아와서 처음의 질문에 답해보자. 플라스틱 쓰레기가 넘쳐나서 '사용을 줄이길' 기대하는 것이 문제고, 재고가 쌓여 있는 것을 보고 '재고가 판매되길' 기대하는 것도 문제다. 우리가 원하는 지금과 다른 모습이 있다면 그 모든 것이 문제가 된다.

> 문제는 현실(As is)과 원하는 것(To be)의 차이(Gap)에서 온다
>
> - 로저 카우프만

왜 '현실+기대'로 문제를 바라보아야 할까

우리는 누군가 원하는 것을 이뤄주면 비용을 지불하고 그것을 '비즈니스'라고 부른다. 우리는 누군가 원하는 것을 못 이루고 있을 때 기꺼이 도와주면 그것을 '봉사'라고 부른다. 우리는 누군가 무엇을 잘 모르고 있을 때 그것을 알게 하면 그것을 '교육'이라고 부른다.

결국 우리가 하는 가치 있는 일들은 '현실과 기대가 일치할 때'를 만드는 활동이다. 현실+기대로 문제를 바라보는 것은 가치 있는 일들의 핵심을 비춘다. 이 프레임에서 문제를 바라보면 차이가 확연히 느껴진다. 문제가 주는 복잡한 이미지를 잠시 내려놓고 다음의

사건에서 문제는 무엇인지 살펴보자.

> 26세 김 씨는 비가 오는 늦은 밤에 택시를 기다리다 지쳐서
> 직접운전을 하게 되었다. 그리고 접촉사고를 내었다.
> 당시 혈중알콜농도 0.03%였다.

이 내용은 모 기업의 면접에서 문제인식능력을 테스트하기 위해 사용되었던 것이다. 잠시 고민해보고 자신의 답변을 정해보자. 무엇이라고 답변하겠는가? 답변에 따라 우리가 평소 무엇을 중요하게 생각했는지, 어떻게 문제를 그리고 있는지를 확인할 수 있다.

일반적으로 가장 많이 받아본 답변은 '음주운전'과 '사고를 낸 것'이다. 언뜻 보아서는 정답으로 보이지만 두 가지 모두 오답이다. 이는 문제가 아니라 문제에 속해있는 현상 중에서 자신이 가장 크게 생각하는 한 가지를 고른 것이다.

이 퀴즈가 면접 질문이었으니 사회적인 상식에 비추어 보아 '음주운전은 나쁜 것'이라는 답변은 나쁘지는 않다. 면접자가 도덕적인 사람임을 어필하기는 충분하다. 그런데 과연 면접관은 이런 뻔한 답변을 기대하고 있었을까? 분명히 문제를 다르게 보는 눈을 가진 사람으로 보기는 어려웠을 것이다. 그래도 '사고를 낸 것'이라는 답변보다는 훨씬 낫다. 이 답변은 결과만 중시하는 사람으로 보였을 것이다. 문제의식은 이렇게 사람에 따라 달라진다. 그리고 다른 사람에게 당신이 어떤 사람인지 보이게 하는 거울이다. 인식하는 사

람에 따라서 달라진다는 것, 많은 사람들이 잘 모르는 문제의 중요한 속성이다.

음주운전이 도덕적으로 문제가 아니라는 것이 아니다. 음주운전은 문제를 야기하는 '원인'이고, '음주운전을 없애는 것'은 문제가 될 수 있다. 하지만 문제는 해결하고자 하는 대상일 때 의미가 있다. 문제인식능력 퀴즈의 모범답안은 바로 '집에 가는 것' 또는 '목적지에 안전하게 가는 것'이다. 너무나 심플하지 않은가? 대리운전이든, 택시든, 아니면 건강을 생각해서 걸어가는 것이든 결국 문제는 지금 위치에서(현실) 집에 도착하는 것(기대)일 뿐이다. 어떤 문제의식이든 현실과 기대가 함께 있을 때 온전한 문제를 찾은 것이다. 둘 중 하나만 있는 것은 불평이거나 꿈일 뿐이다. 현실만 있고 기대가 없으면 문제가 아니라 현상을 본 것뿐이다. 현실은 없고 기대만 있으면 문제가 아니라 머릿속 소설일 뿐이다. 현실에 견주어서 기대를 설정하면 그것이 문제의식이다.

대다수의 우리가 이렇게 문제만을 인식하지 않는 이유는 무엇일까? 가장 큰 원인은 문제를 하나로 규정지으려고 하는 본능이다. 문제에 집중하지 못하고 단 하나의 원인으로 귀결하는 편리함을 택하는 것, 바로 '귀인(Attribution)'이라는 자연스러운 심리 현상이다. 우리의 뇌는 세상의 모든 자극을 처리할 수 없다. 아마 모든 정보를 처리하면 머리가 터져버릴지도 모른다. 그래서 선택적으로 적은 수의 원인을 규정한다. 이처럼 귀인은 우리의 뇌를 식혀주는 냉각기 같은 역할을 하는 매우 중요한 녀석이다. 하지만 매우 단순한 문제를 제외하고 가치를 주는 복잡한 문제를 볼 때 귀인 본능은 가장 큰 적이다. 음주운전 면접퀴즈의 대표적인 답변들도 성급하게 원인을 정하는 귀인의 모습을 띈 것이다.

귀인이 어긋나게 작용하면 자신의 경험에 따라서 결론을 짓는 큰 오류가 발생한다. 사회생활 경험이 많은 선배에게 물어보면 '26세'에 집중하며 사회 초년생이고 어린 친구들이 문제라고 이야기한다. '비가 오는 늦은 밤' 술과의 안 좋은 경험이 있는 사람은 비가 오는 것이 문제고 한 단계 더 나아가 비가 오면 술이 맛있는 것도 문제라고 한다. 심지어 어떤 사람들은 사고만 안 났으면 문제가 안 되었다고 하며 '상대방이 사고를 피하지 못한 것'을 답하는 오류도 범한다. 원인을 바꾸어 책임을 미루는 것 역시 나를 중심으로 현상을 보려는 잘못된 오류다. 분명 이것은 잘못된 문제의식이다. 가장 먼저 떠오른 원인만을 문제로 설정하면 틀릴 가능성이 높다. 연쇄적으로 잘못된 문제설정은 결국 '예측'을 하는 다른 오류를 범한다. 문제를 자신의 의식에서 결정해야 함에도 정확하게 보지 않고 '아마도 그럴걸?' 정도로 잘라 내거나 누군가의 '탓'으로 예측해버린다. 해결과 전혀 다른 방향으로 진행된다. 문제는 현실과 기대가 정확히 그려질 때 우리가 알고 있다고 이야기할 수 있다.

모든 복잡한 문제에는 선명하고 단순한 형태의 잘못된 답이 있다.

- 헨리 루이스 멩켄

제주도에서 열린 청년 그리고 고위공직자와 함께하는 워크숍에서 이 문제를 가지고 토론한 적이 있다. 실제로 제주도에는 저녁시간 도심 지역에서만 택시가 운행되는 이슈가 존재했고, 그 행사에 참여한 고위공직자는 택시가 더 많이 배차되지 않은 것을 문제로 답변했다. 반면 학생들은 택시는 많으나 도시 바깥으로 가는 것을 싫어하는 것을 문제로 답변했다. 한쪽은 대안을 한쪽은 원인을 이야기한 모습이다. 서로 다른 관점에서의 문제를 발견한 것이다. 물론 정답을 이야기한 것은 아니지만 단순한 답변보다 훨씬 좋은 모습이었다. 결국 이 워크숍에서는 공직자와 청년간의 경험의 차이를 공유하고 인정했다. 비로소 정확한 대화가 될 수 있는 시작점을 문제를 다루며 찾은 것이다.

제주도의 사례는 '택시가 운행되지 않는 지역까지도 운행되게 하는 것'으로 정의가 가능하다. 하지만 무엇인가 어색하지 않은가? 바로 문제해결을 위해 무조건 원인을 가진 사람이 희생하게 되는 오류다. 핵심은 포함되지 않았고 원하는 모습은 실현 가능한 범주를 넘었다. 핵심을 포함한 문제의 정의는 달라져야 한다. 여기서는 꼭 택시의 문제로 한정 지을 필요도 없다. 긴 워크숍 끝에 '주변지역 대학생이 저녁시간에도 통학 가능하도록 하는 것'으로 좁혀졌다. 문제가 가능한 범주로 바뀌면 좋은 아이디어는 당연히 따라온다.

이 부분은 우리의 교육제도가 문제를 가르치지 않고 답을 가르쳤음이 아쉬워지는 대목이다. 정답을 찾는 것에 익숙해졌고 당장 필요한 것에만 집중해왔다. 모두가 하나의 원인이나 현상만을 찾으려 하고, 그것이 유일한 정답이라고 착각하게 된다. 심지어 문제해결의 꽃인 창업 분야에서마저 우리나라의 대부분 스타트업은 국내 시장과 관련된 문제에만 치중되어 있다. 더 비약하자면 사람의 문제보다는 수익을 내는 시장을 대다수가 다룬다. 하지만 이스라엘이나 미국의 스타트업은 인류의 문제, 인간을 중심으로 한 근본적 문제를 탐구한다. 실리콘밸리에 팔려가는 기업들은 모두 이런 기업들이다. 우리는 이제 문제를 탐구해야 하는 시대에 왔음을 알아야 한다. 그리고 문제를 정확히 보는 눈을 학습할 기회를 모두가 가져야 할 것이다.

문제의 현실-기대 차이, Gap Seeking

문제를 어디서부터 해결해야 할지 모르겠다면, 지금의 모습과 해결 후의 모습을 그려보자. 'As-is / To-be'라고 부르는 이 방법은 맥킨지(Mackenzie & Company)에서 '가장 단순하지만 가장 강력한 방법'으로 극찬한 방법이다.

1. 문제와 관련된 현상(As-is)을 생각나는 대로 모두 적는다.
2. 문제의 현상이 해결된 이후의 상태(To-be)를 정확하게 정의한다.
3. 두 상태의 차이(Gap)를 정의한다. 그 중 문제의 핵심 원인인 킹핀(King-pin)을 찾는다.
4. 문제의 킹핀을 공략하기 위해 계획을 세우고 실행한다.

다음 페이지에 현재 당신이 생각하고 있는 내용들을 적어보라. 골머리를 앓고 있는 큰 문제가 생각보다 쉽게 해결될지도 모른다.

현재의 상태(As-is)

원하는 상태(To-be)

상태의 차이 (GAP)

바이러스를 없애라! 문제해결 퀴즈

지피지기면 백전백승! 현재 나의 상태를 알기만 해도 문제는 쉬워진다. 퀴즈를 풀어보며 현재가 가지고 있는 조건의 힘을 느껴보자.

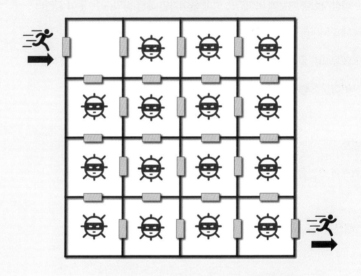

문제

당신은 인류의 위협이 될 만한 열다섯 종의 바이러스를 발견했다. 연구를 위해서 바이러스를 격리해두고 퇴근하려는 순간 큰 지진이 발생했고 바이러스 케이스가 깨졌다. 당장 모든 시설을 폐쇄하지 않으면 환풍구로 모든 바이러스가 나가게 된다. 지금 바로 방호복과 마스크를 쓰고 달려가서 인류를 구하라!

시설 안내

- 방은 총 16개이고, 입구 방을 제외한 15개의 방에 바이러스가 있다.

- 각 방의 인접한 방으로 가는 벽에만 문이 설치되어 있다.

- 왼쪽 위 입구 방으로 들어가서, 우측 아래쪽 출구 방으로 나가야 한다.

시스템 안내

- 비상시스템 때문에 바이러스 방에 들어가면 해당 방의 모든 문이 잠긴다.

- 폐쇄 버튼을 누르면 잠시 모든 방문이 해제가 되고 나갈 수 있다.

- 폐쇄 버튼을 누른 후 나가서 문을 닫으면 콘크리트로 완전히 폐쇄된다.

- 바이러스 방의 폐쇄 버튼은 각 방의 내부에 위치해 있다.

힌트

퀴즈의 조건을 안다. = 문제의 현상을 안다.

* 해설은 다음 페이지에 있습니다.

풀이

정답은 첫 번째 방에는 바이러스가 없다는 조건을 활용하는 것에 있다.

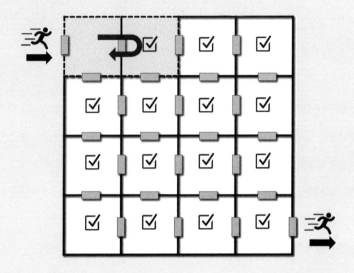

처음 방을 폐쇄하지 않고 인접한 방에 들어가서 바이러스를 처리한 뒤 첫 번째 방으로 돌아오면 그 다음부터는 어떤 경로든 출구로 나갈 수 있다. 만약 첫 번째 방만 바이러스가 없다는 조건을 바로 캐치하고 이용했다면, 당신은 조건을 식별하는 능력이 뛰어나거나 이런 퀴즈에 익숙한 사람일 것이라고 생각한다.

이 문제는 모든 꼭짓점을 한번씩 지나가는 경로를 찾는 '해밀턴 경로(Hamiltonian cycle)'를 활용한 문제다. 구성된 방의 가로-세로가 짝수로 구성되었을 경우 모든 곳을 한 번씩 지나서 정 반대편의 출구로 가는 것은 불가능하다. 이 문제는 많은 퀴즈 쇼에서 자주 활용되며 어디에선가 한번쯤은 비슷한 문제를 풀어본 경험이 있을 것이다. 그래서인지 대부분의 사람들은 이 문제를 대할 때의 비슷한 패턴을 보인다.

1. 펜을 꺼내 모든 방을 지나가려고 선을 그어본다.

2. 모든 방을 한 번씩 지나가는 방법을 몇 번쯤 실패한다.

3. 이 방법으로는 답이 없음을 알게 되었을 때 다른 조건을 찾는다.

4. 내가 문제를 잘못 본 것인지 다시 확인한다.

5. 평소와 다른 조건을 찾아서 다른 방법으로 다시 시도한다.

혹시 당신은 몇 단계쯤에서 정답을 찾았는가? 그 횟수는 당신이 직관에서 다른 패턴으로 전환하는 속도를 알게 해준다. 우리는 대부분 직관을 먼저 활용하고 그것만으로 해결하지 못함이 인식되었을 때 다른 방법을 탐색하는 순서를 따라간다. 그리고 바이러스 퀴즈처럼 직관이 답이 되지 않으면 문제를 해결하는 시간은 점점 길어진다. 이 퀴즈를 통해 우리가 배워야 할 것은 어려운 문제일수록 답을 먼저 내려는 습관은 독이 된다는 것이다. 복잡한 문제일수록 직관보다 문제를 파악하는 것이 더욱 중요하다.

심플하게
인식하라

단순하면 쉽다 그리고 해결되게 한다

17년간 스티브 잡스와 일했던 켄 시걸(Ken Segall)은 잡스의 경영원칙을 심플 스틱(Simple Stick)으로 표현했다. 직원들이 미팅에서 머뭇거리면 생각을 심플하게 정리하지 못하고 복잡하게 놔둔 상태라고 꾸짖었다고 한다. 애플의 심플함을 만든 잡스, 켄 시걸 뿐만이 아니다. 애플의 디자이너 디터 람스도 '적은 것이 더 나은 것이다(Less is better!)'를 끊임없이 외쳤다. 그 결과물이 무엇인가. 애플 그 자체이다. 애플스토어에 진열되는 제품은 몇 가지 되지 않지만 사람들이 이를 보고 부족하다고 느끼지 않는다. 애플의 광고 문구마저도 'Think Different'로 단순하게 한 마디로 보여준다. 결국 애플의 미친 듯한 단순함의 원칙은 지금의 애플을 만들었다. 파워풀한 단순함 때문에 수많은 사람들 그리고 나 역시도 잡스를 지금도 그리워하고 있다.

> 단순함은 복잡함보다 어렵다. 생각을 명쾌하고 단순하게 만들려면
> 굉장히 노력해야한다. 하지만 결국 그럴 가치가 있다.
> 일단 단순함에 도달하면, 산을 움직일 수 있기 때문이다.
> - 스티브 잡스

그의 단순함이 특별한 만큼 단순함을 추구하는 것은 결코 쉽지 않다. 직장, 가정, 삶 등 자신의 문제 중 어느 것이던 하나를 떠올려 보라. 막막하고 어렵다. 우리 회사를 한마디로 표현하는 것? 나라는 사람을 한마디로 표현하는 것? 모두 어렵다. 하지만 원리는 간단하다. 자르고(Cut) 깨끗하게 다듬는 것(Clean)! 이것에서 시작된다.

첫 번째 열쇠, Cut!

잘라 내기의 개념은 내가 새롭게 만든 것이 아니다. 무려 14세기부터 '현대과학의 기본지침'에는 잘라 내기가 기본적으로 깔려있다. 바로 '오컴의 면도날(Occam's Razor) 법칙'으로, 같은 것을 설명하는 두 개의 내용이 있을 때 더 쉽게 설명되는 것을 선택하라는 것이다. 만약 당신이 병원에 가서 기침의 증상을 말한다면 의사는 간단한 감

기부터 천식, 폐렴 등 수많은 것들을 고려해야 한다. 하지만 환자에게 수많은 진단을 던지는 바보 같은 의사는 없다. 자신이 생각한 '가장 설득력 있는 사고' 하나만 골라서 진단을 내린다.

오컴의 면도날에 비유하면 스티브 잡스가 직원을 꾸짖은 이유를 알 수 있다. 아직 복잡한 문제에 얽매여 있다는 것이다. 이런 상황에서 회의를 하면 모두가 다른 이야기만 하게 된다. 아이디어가 잘 나오지 않고 좋은 아이디어가 나와도 아닌 것 같은 부분이 계속 존재한다. 분명하게 보이지 않기 때문이다. 결국 이런 회의의 끝에는 리더십이 손상된다. 우리가 해야 할 문제가 아닌 것을 없애는 일은 문제해결뿐만 아니라 리더십도 살리는 일이다.

인기 TV프로그램의 〈골목식당〉에서 요리연구가 백종원 씨가 모든 식당에 공통적으로 주는 솔루션이 무엇인가? 바로 메뉴 줄이기이다. 잘라 내는 것은 분야를 막론하고 효율성을 이끌어내는 제1원칙이다. 메뉴가 많으면 재료가 많아야 하듯 문제가 복잡하면 필요한 자원이 많아진다. 메뉴가 많으면 기구가 많아야 하듯 문제가 복잡하면 필요한 전문성도 많아진다. 메뉴가 많으면 주문하는 시간이 길어지듯 문제가 복잡하면 필요한 시간도 늘어진다. 가장 쉽게 설명되고 가장 관련이 높은 것, 그곳에서 시작하는 것이 필요하다. 핵심을 하나 정하고 나서 문제해결을 위해 회의를 시작해도 늦지 않다. 심플할 때 오히려 결승점에는 빠르게 도달한다. 매출 문제를 해결하기 위해서는 서로 책임을 추궁하는 회의보다는 목적지부터 정하고 가는 것이 오히려 더 빠르게 도착한다. 회의 전문가 퍼실리테이터들이 추구하는 제1의 원칙이 무엇인지 아는가? '회의 시작 전 결정할 것을 결정하라'는 것이다. 단순화는 문제해결의 시작점에 반드시 필요하다.

매출이 오르지 않는 문제에 대해 '이미지'가 손상되어 구매가 이루어지지 않는 것, '품질'이 떨어져서 재구매가 이루어지지 않는 것, '영업'이 부족해서 판매 채널을 확보하지 못하는 것, '생산량'이 부족해서 소비자가 구매할 수 없는 것 등을 생각해볼 수 있다. 가장 쉽게 설명이 되는 '결정할 것'을 결정하자.

두 번째 열쇠, Clean!

잘라 내기가 가장 시작점에 중요한 작업이라면, 깨끗하게 하기는 잘라 낸 문제를 섬세하게 다듬는 작업이다. 모든 문제를 다듬어놓고 선택하는 것이 아니다. 문제를 다루는 것은 우선 큰 덩어리부터 구분하고 서서히 완성해가는 조각을 닮아 있다. 당신이 버리기로 결정한 것은 부스러기일 뿐이다. 남겨두기로 결정했다면 그것이 조각상이 된다. 섬세하게 하는 것은 잘라 낸 다음이다.

예를 들어 '매출 상승을 위해 홍보 수단을 재선택하는 것'으로 문제를 잘라 냈다고 하자. 이제는 온갖 다른 모습들이 떠오른다. '기존에 거래처와 관계는 어떻게 하지?', '작년까지 기획했던 팀이 괜히 욕먹는 거 아니야?' 이것은 아직 깨끗해져 있는 상태가 아니다. 이 중에서 우리가 지금 고려해야 할 우선순위는 무엇인가? 아직 문제

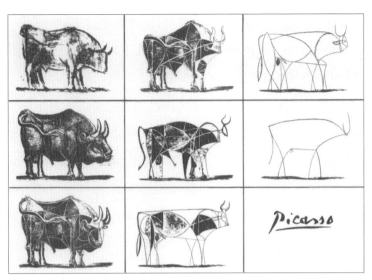

피카소의 소의 단순화: 단순하다고 소가 아닌 것은 아니다.

를 더 잘라 내야 해결단계에 들어갈 수 있다.

모든 것을 잘라 낸 뒤 깨끗하게 하는 작업에는 구체적인 단어를 사용하는 것이 매우 중요하다. 우리는 대화가 잘 안될 때 비유나 은유를 사용하는데 문제해결에서는 도움이 되지 않는다. 물론 상대방이 잘 모르는 개념을 이야기할 때는 빠른 전달이 가능하지만 정확하지 않은 표현은 문제의 본질을 흐리게 한다. 회사의 슬로건이 '고객을 구름위에서 걷도록 하는 것', '트렌드한 도시의 남자'처럼 비유와 은유가 섞인 예쁜 말이라면 그것은 듣기에만 좋을 뿐 문제해결에 아무런 도움이 되지 않는다. 고객의 문제를 해결하는 기업의 비전에 이런 표현을 쓴다면 직원들에게는 아무런 영향이 없을 것이다. 열심히, 잘, 성실히, 예쁘게, 섹시하게 아이디어를 뽑아보라는 구체적이지 않은 말들은 결국 직원들의 안주거리가 되고 만다. 구체적이고 확실한 언어로 다듬는 것이 필요하다.

당신의 문제를 다듬는 것이 어렵다면 그것이 바로 기회가 되는 문제다. 가치 있는 문제는 예쁘지 않다. 오히려 거추장스러운 치장물이 많아서 누구도 만지기 싫어하는 상태다. 하지만 그것들을 자르고 거둬냈을 때 가치 있는 다이아몬드가 된다. 무엇을 남기면 되는가. 그리고 더 나아지기 위한 방법은 무엇인가. 이것이 우리가 문제를 대하는 자세다.

단순함은 실행력까지도 이끌어낸다

'영어 10년 배웠는데, 10초도 말 못한다면? 당신도 왕초보'

모 어학원의 라디오 광고 문구이다. 격양된 톤으로 갑자기, 빠르게 전달한다. 듣는 순간 많은 사람들이 뜨끔 하는 감정이 생긴다. 그리고 광고 마지막 즈음 어학원의 이름을 더 크게 알린다. 좋은 광고 멘트라는 생각이 든다. 많은 사람들이 다 자신의 이야기라고 생각하고 있을 것이다. 이 문구는 매우 심플하게 우리를 파고든다. "영어교육은… 문법이… 시험이…"라는 핑계들은 생각나지 않는다. 그렇게 매년 초에 영어 수업을 결제하고 3개월이 지나서 알아차린다. 또 당했다!

광고나 홍보 문구는 단순화의 결정체다. 그들이 단순화하려는 이유는 무엇일까? 문제의식이 단순화되면 결정이 빠르고 행동이 명확해지기 때문이다. 반대로 우리는 자신의 문제를 이렇게 명료하게 생각하고 있는가? 내가 영어회화의 왕초보인 이유가 '어학원의 프로그램을 듣지 않아서'라고 생각하지는 않는다. 그런데도 문제가 단순해지면 왠지 해야 할 것 같은 생각이 든다. 우리는 그들에게 현혹되지 않는 나만의 심플한 실행력이 필요하다. 내 문제의 단순화는 내가 해야 한다. 그 이후의 실행력들이 나를 위해서 움직이는 것이다.

만약 진지하게 자신의 영어실력에 대해서 적어 내려가며 고민했다면 '왜 나는 10초도 말하지 못할까?'가 아닐 것이다. '내가 영어가 필요한 이유가 무엇일까? 외국 바이어? 승진 시험? 아니면 취미?'와 같이 여러 가지 생각을 했을 것이다. 그 중에 가장 단순한 내 것을 결정하면 그때 정확한 행동이 시작된다. 지하철에서 서성이는 외국인에게 말을 걸던, 이태원의 외국인이 많은 바에 놀러가든 어학원에 가든 그것은 자유다. 단순한 것은 많은 것을 지배하며 강력하다.

무엇이 지금 가장 중요한가, 우선순위 매트릭스

세상에 중요한 것이 너무 많다. 물건 하나를 팔려면 상품도 좋아야 하고, 홍보도 잘해야 하고, 배송도 빨라야 하고, 고객 A/S 시스템도 필요하다. 단 우리의 시간과 자원은 항상 제한되어 있기 때문에 우리는 우선순위라는 딜레마에 빠진다. 문제의 우선순위를 정하는 가장 심플한 방법 '우선순위 매트릭스(Action Priority Matrix)'에 비춰보자. 다양한 문제 중 하나에 집중하게 만드는 현실적인 문제해결 도구다.

우선순위 매트릭스 사용법

1. 포스트잇에 이슈들을 적는다.
2. 하나의 이슈를 매트릭스의 한 곳에 붙인다.
3. 나머지 이슈들은 기존에 붙었던 것에 비교해 배치한다.
4. 4분면의 속성에 따라서 이슈의 우선순위와 전략을 설정한다.

우선순위 매트릭스는 필요한 노력과 기대하는 효과의 정도에 따라서 우선순위를 네 가지 영역으로 분류한다. 매트릭스의 사분면상에 우리의 문제가 어디에 위치했느냐에 따라서 문제가 갖는 우선순위는 아래와 같은 특징을 갖는다.

- 빠른 승리의 영역 : 가장 우선순위가 높은 영역이다. 빠른 시간 내에 적은 노력으로 효과를 볼 수 있으니 가능하다면 당장 실행하거나 해결해야 하는 이

우선순위 매트릭스
Action Priority Matrix

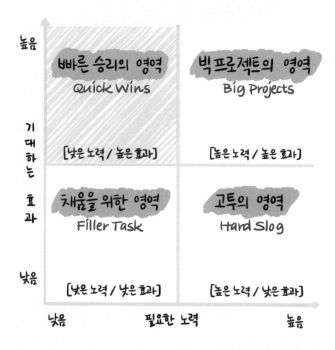

슈가 위치한다.

- 빅 프로젝트의 영역 : 효율이 아닌 효과의 영역이다. 해결할 경우 혁신에 가까운 성과를 얻을 수 있지만 과정에서의 투입(Input)은 예상보다 훨씬 클 것이다.
- 채움을 위한 영역 : 대부분 지금의 일을 하기 위한 이슈가 포함된다. 기존의 비즈니스를 유지하거나 지키는 이슈들이 위치한다.
- 고투의 영역 : 문제를 회피하거나 다른 방법으로 전환해야 하는 이슈들이 포함된다. 해도 효과가 없거나 손해에 가깝다. 문제 정의를 다시 할 필요가 있다.

Why로
맥락을 잡아라

안개 속 진짜 문제를 찾는 과정, 문제의 맥락화

고대 그리스에서는 지식을 '단순화와 맥락화의 결정체'라고 했다. 또한 스탠포드대학교의 폴 킴(Paul Kim) 교수 역시 미래 교육에 있어 가장 큰 가치를 단순화와 맥락화라고 했다. 문제와 관련된 수많은 정보들이 어떤 의미를 갖는 것인지 해석하는 것이 '맥락화' 그리고 그것을 우리가 기억하기 쉬운 상태로 만드는 것이 '단순화'다. 맥락이 빠진 상태에서 잘라 내기(Cut)나 깨끗하게 하기(Clean)는 아무런 의미가 없다. 항상 맥락(Context)이 함께 해야 정확한 의미가 된다. 맥락화는 올바른 문제정의가 이루어졌는지 점검하는데 가장 좋은 도구다. 하지만 맥락을 찾는 것은 단순화보다 어렵다. 일종의 분석이고 연구이다. 경영학에서 항상 등장하는 SWOT, 3C, 4P, Business Model Canvas 등 세상에 알려진 분석도구들이 지향하는 점도 바로 맥락화를 활용한 검증이다. 우리는 복잡한 도구들 대신 질문으로 심플하게 시작해보자.

Thick & Thin, 단계적으로 맥락 찾기

열심히 운영하던 커피숍에 손님이 줄어들기 시작했다. 처음에는 일시적인 현상이라고 생각했는데 시간이 지날수록 다시 손님이 늘지 않는다. 이 문제를 어떻게 해결할 수 있을까?

Thick Why?

Thick Why는 대부분 정확한 정보를 찾는 과정에서 맥락이 파악된다. 작년 이맘때 손님은 어느 정도 방문했는지, 주변의 커피숍도 장사가 안 되기 시작했는지, 가격은 어떤지, 커피 원두 맛은 어떤지 등이 정도 단계에서 맥락을 찾을 수 있다면 쉬운 문제에 해당한다. 하지만 쉬운 만큼 기대효과도 작다.

Thin Why?

만약 Thick Why 질문으로 해결이 되지 않으면 Thin Why로 넘어가서 고민해야 한다. 이때는 정보보다 고객을 중심으로 파악하는 것이 유효하다. 기존 손님은 왜 우리 카페를 찾았을지, 새로운 손님이 우리 카페를 와야 할 이유는 무엇일지 생각해보는 것이다. 고객에게 직접 물어볼 수도 있지만 고객이 어떤 다름을 겪고 있는지 고객과 카페에 대한 관찰이 필요해진다. 어쩌면 사장님이 근래 피곤한 얼굴로 응대했던 결과가 지금 나온 것일 수도 있다.

위, 아래, 위, 위, 아래로 맥락 보기

'체중 감량을 위한 다이어트를 해야 한다', 이것은 목적일까 도구일까? 때로는 목적이 될 수도 있고, 때로는 도구가 될 수도 있다. 문제 속에 있는 목적과 도구는 상대적인 위치에 따라서 의미가 달라진다. '다이어트를 왜 해야 하는데?'라는 질문에 '예전에 샀던 옷이 안 맞아서'라고 생각한다면 체중감량이 옷을 입도록 하는 목적을 달성하는 도구가 된다. 옷을 입을 수 있는 정도로 다이어트를 실행할 것이다. 반면 '술을 많이 마셔서'라고 대답한다면 술을 줄이는 것이 체중감량의 도구가 되고, 체중감량이 목적이 된다. 술을 줄여서 빠질 수 있는 만큼 다이어트가 진행될 것이다. 목적을 바라보는 것이 조금 더 강력하게 보이겠지만 우리는 두 가지 다 볼 필요가 있다. 이 경우 다른 무엇보다 술을 줄이는 것이 옷을 입게 하는 가장 빠른 방법이 될 것이다. 이처럼 목적과 도구는 항상 함께 혼재하기 때문에 명확히 보려고 고민하지 않으면 보이지 않는다.

문제에서 위로 올라가는 것은 목적을 찾는 것, 아래로 내려가는 것은 원인을 찾는 것이 된다. 이처럼 문제를 위로 올라가기도, 아래

상위 목적에 대한
맥락 찾기

예전에 샀던 옷이 안 맞아서,
중고로 팔아서, 돈을 마련 해야 해

예전에 샀던 옷이 안 맞아서,
입으려고 살을 빼야해

예전에 샀던 옷이 안 맞아서,
트렌디한 새 옷을 사야 돼

상위 문제 - 목적

안 맞는 옷이 아까워서, 입으려고

체중 감량을 위한 다이어트를 해야 한다.

하위 문제 - 원인

술을 많이 마셔서, 야식을 먹어서

술을 많이 마셔서 살이 쪘어,
모임을 줄여야 해

요즘 야근하느라 몸을 움직이지 못했어,
운동을 해야 해

야식을 많이 먹어서 살이 쪘어,
밤에 치킨을 멀리 해야 해

하위 원인에 대한
맥락 찾기

로 내려가기도 하며 탐색해 보면 다양한 시선이 보인다. 문제의 주변에서 맥락을 찾고 문제해결과정에 들어가야 한다. 맥락에 따라 해결 방법도 전혀 달라지기 때문이다. "원래 그래", "원래 그렇게 해왔어", "그냥 그대로 놔둬"처럼 안다고 단정해서 문제를 접근하면 변하는 것은 아무것도 없다. 문제는 그대로 있을 뿐이다. 다른 문제가 연쇄적으로 생겨나고 앞으로 일은 더 커질 것이다. 불편하더라도 가능성을 꼭 열어두고 위-아래로 맥락을 볼 필요가 있다. 지금의 문제는 다른 문제의 현상이자 원인이다.

맥락은 기업의 프로젝트와 같이 구성원들과 함께 문제를 해결할 때 더욱 중요해진다. 정확하게 설정하지 못하면 구성원들이 서로 다른 결과물을 머릿속에 그리고 서로 다른 목표를 향해 달려가게 된다. 이런 경우 정보가 서로 다르다보니 문제해결보다는 서로에게 탓을 하는 행위들이 발생할 수 있다. 같은 문제임에도 서로 갖게 되는 정보가 다르니 대화가 되기 어렵다. 명확하게 정의해야만 소통하는 것이 쉬워진다. 오프라인 회의에서는 포스트잇 같은 간단한 툴을 사용할 필요가 있고, 회의 내용은 모두가 쉽게 접근하도록 온라인 프로젝트 툴(구글 스프레드시트, 반디 등)을 통해서 확실하게 우리가 무엇에 집중하는지 기록하며 문제해결에 임할 필요가 있다.

복잡할 때는 제1원칙만 떠올려라

건축의 제1원칙이 무엇인지 아는가? 바로 무너지지 않는 것이다.

이처럼 매우 명료하면서도 우리가 해결해야 할 방향성이 분명한 것이 있다. 그것을 제1원칙이라고 부른다. 문제가 복잡하거나 결정하기 힘들 때 가장 핵심이 되는 가치를 명확하게 해서 쓸모없는 생각을 없애는 방법이다.

일론 머스크가 2012년 '디그(Digg)' 창업자 케빈 로즈(Kevin Rose)와의 인터뷰에서 자신이 일을 할 때 가장 따르는 원칙이라고 이야기하며 유명해진 이 원칙은 그리스 철학자 아리스토텔레스가 주장한 고대 철학이기도 하다. 테슬라가 전기차의 배터리를 개발하다가 거의 부도 직전에 이르렀을 때까지도 다른 대안들이 아닌 배터리의 단가를 낮추는 것을 전기차 보급 문제의 제1원칙으로 고집했다. 배터리가 600달러씩 할 때 단가를 낮춰야 한다는 원칙을 고수해 직접 재료로 다른 형태로 연결하는 것을 시도했다. 그것이 현재의 셀 형태의 결합된 배터리를 완성했다. 이 고집은 결국 테슬라가 기사회생하는 것을 넘어 자동차 회사 시가총액 1위를 달성할 때까지 가장 큰 영향을 준 전략으로 꼽힌다.

제1원칙의 사고는 우리가 가지고 있는 많은 신념들 중에서 정말 중요한 것 하나만을 명확하게 떠올리게 하는 좋은 도구다. 이 방법으로 '원래' 그랬던 것으로 생각할 수 있는 회사의 프로세스나 기존의 성공 방법들을 '회사에 가장 적합한 것은 무엇인지', '다른 방법으로 목적을 달성하는 방법은 무엇인지' 고민할 수 있게 만든다. 수많은 문제해결 도구들보다 제1원칙 하나만으로 문제해결력에서 큰 차별을 보여줄 수 있다.

대형병원에서는 하루에도 수천 장의 MRI 사진을 찍게 된다. 이때 가장 상대하기 어려운 고객들이 누구일까? 바로 아이들이다. MRI를 찍는 아이들은 우선 환자다. 일반적인 아이들에게도 거대한 기계 속에 들어가는 것은 두렵고 가만히 있는 것은 지루하다. 병원의 딱딱한 시설에 지친 아이들은 더욱 민감한 상태가 된다. 하지만 MRI는 촬영 중 조금만 움직여도 판독이 어려워진다. 이는 병원의 시스템과 수익에 직결되는 문제이다. 당신이 컨설턴트라면 어떤 해결책이 머리에서 떠오르는가? 대부분은 묶는다던지 사탕이나 빵을 주는 보상을 직관적으로 떠올리게 된다. 목적이 '아이들을 가만히 있게 만드는 것'에 머무르는 결과이다.

이런 방법들의 목적은 아이들을 가만히 있게 하려는 것에만 집중되어 있다. 아이들이 앞으로 가질 두려움이나 의사나 병원과의 관계는 전혀 고려되지 않은 단편적 해결방안이다. 묶으면 두려움은 커지게 되고 다음에는 더욱 어려워질 것이다. 보상을 하는 방안들도 일반적으로 내놓지만 역시 마찬가지다. 사탕이나 빵을 주는 것이 쿵쿵대는 소리의 놀람까지 없앨 수는 없다. 심한 경우 수많은 아이들에게 마취제를 투여하는 방법을 선택한다. 아이들과 MRI를 모두 고려해 맥락을 살피면 문제를 무엇으로 바라보아야 할까? '아이들을 가만히 있게 하는 것'이 아니라 '두렵지 않고 즐기도록 하는 것'이다.

우리는 맥락이 빠진 의사결정을 많이 하게 된다. 타인에 대한 경

어린이를 위한 MRI 디자인: GE MRI Adventure Series

우는 더 흔하다. 실제로 언덕이 많은 모 지자체에 '어르신을 마을회
관에 모시기 위해 지팡이를 제공하자'라는 사업이 진행되었다. 여기
서의 큰 문제점은 연구 이전에 답을 정해놓고 사업을 시작했다는 것
이다. 맥락이 전혀 없이 '어르신은 다리가 아파서 시니어 센터에 안
와', '지팡이를 살 돈이 없을 거야'와 같은 일반화를 고정관념으로 만
들어놓고 프로젝트를 시작했다. 작은 금액의 프로젝트도 아니었다.
3자의 입장에서 조금만 살펴보아도 시니어 센터에 오지 않는 이유
가 꼭 지팡이만은 아닐 것이다. 시니어 센터가 그들에게 도움이 되
도록 문제를 설정했어야 하는데 말이다. 유사한 사례로 '아이들의
성적을 올려주기 위해 도서관에 참고서를 더 사다놓자'는 프로젝트

를 본 적이 있다. 다행히도 문제를 수정해서 진행할 수 있었지만 그대로 진행했다면 어떤 결과가 나왔겠는가. 당연히 아이들은 도서관을 더 멀리하게 했을 것이다. 우리는 아이들이 '도서관을 즐기게' 하려는 것인가, 아이들의 '성적을 올리게 하려는 것'인가? 남의 이야기가 아니다. 누구나 깨어있지 않으면 맥락을 잊는 실수를 한다. 실패해도 괜찮다는 가벼운 마음으로 맥락을 찾아보자. 위, 아래, 위, 위, 아래.

다음은 실제 당신의 문제를 위, 아래로 생각해 보도록 만든 그림이다. 현재 당신의 삶에서 해결해야 할 문제가 있다면 빈칸에 맞게 채워보자.

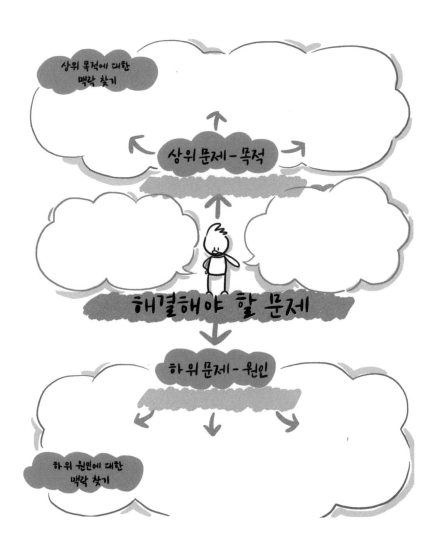

왜 다른 사람의 문제는
쉬워 보일까

내 문제가 제일 어렵다

솔직히 말하자면 문제해결은 항상 어렵다. 좋은 문제일수록 그렇다. 어려운 문제를 해결하다 보면 세상 모든 것이 연관되어 있는 것 같을 때가 한두 번이 아니다. 맥락을 잡았다고 생각하고 보면 '이 산이 아닌가보네' 하며 허탈하기도 하다. 그런데 가만히 생각해보니 문제해결이 가장 쉬울 때가 있다. 바로 다른 사람의 문제를 마주할 때다. 이상하게 내 문제는 맞는지 모르겠는데 다른 사람의 문제는 콕 찍어서 대안을 조언하기도 한다. 큰 그림이 한 눈에 보이고 아이디어는 쏟아져 나온다. 역시 '중이 제 머리 못 깎는다'라는 말은 진리인 것 같다. 실제로 문제해결 프로젝트에서 "우리 부서의 문제가 가장 어려운 것 같아요", "저쪽 팀은 쉬운 문제를 설정한 것 같아요", "다들 잘하는데 우리 팀만 뒤처지는 것 같아요"라는 말들이 자주 오고간다.

왜 이렇게 내 것은 어렵고 남의 것은 쉽게 느껴질까? 작심삼일의 대명사 '다이어트'를 다시 떠올려보자. 살을 빼기 위해 무엇을 해야 하는가? 음식의 섭취량도 줄이고 운동도 해야 하고 수면도 유지해야 한다. 칼로리를 계산하고 비싼 피트니스에 등록한다. 게다가 친구들과의 모임도 줄이려고 하다보면 다이어트는 자연스럽게 내일의 나에게 맡긴다. 이 고민을 듣던 친구가 한마디 한다. "너는 술만 줄여도 될걸?"

이런 아이러니함은 우리의 두 가지 모습을 비춰준다. 하나의 긍정적인 면은 진심으로 나의 문제를 해결하고 싶어서 너무 열심히 고민한다는 것이고, 다른 하나는 가지고 있는 정보가 적을수록 명확하게 보게 된다는 점이다. 이 두 가지 측면을 뒤집어 보면 답은 명쾌해진다.

> 단순하게 산다는 것은
> 정말 소중한 것을 위해서 덜 소중한 것을 덜어내는 것이다.
> - 한근태, 《일생에 한번은 고수를 만나라》

열정 혹은 조급함은 잠시 뒤로 미뤄두고 가지고 있는 정보 중에서 필요한 것만을 추려내는 것이다. 잘 해결하고 싶다는 '열정'만 커지면 문제를 볼 수 없게 된다. 잠시 가슴을 식히고 머리로 바라보자. 잘 안되면 적어보거나 의식적으로 밖으로 나가보자. 커피숍이든 여행이든 무엇이든 좋다.

다른 사람의 시야에서 본다는 것은 대충하자는 것이 아니다. '나에게 중요한 것'을 구분하는 일이다. 나의 문제와 관련이 적은 다른 사람의 조언이라든지 문제와 관련 없는 성공스토리는 집어 치우자. 하지만 명심해야 한다. 정보가 적으면 좋은 정보를 찾는 것도 어렵다.

자기소개서를 쓰는 것을 예로 들어보자. 내가 어떻게 살아왔는지도 중요하고 나의 능력도 보여주는 것도 매우 중요하다. 심지어 어떤 사회적인 문제에 관심이 있는지 철학이 있는지에 대해서도 적어내려가야 한다. 만약 내가 나에 대해서 평소에 고민하거나 정리해두지 않았다면 정보가 부족해서 한 문단도 채 쓰지 못하고 인터넷에 자기소개서 샘플을 검색할 것이다. 혹은 고향과 부모님 이야기를 적다 지우다를 반복하게 된다. 이때 면접관의 입장 또는 3자의 입장에서 '나를 어떻게 보여줄 것인가?'를 설정하면 그때 비로소 맥락이 잡혀간다. 그때 다음 단계로 넘어갈 수 있다. '어떤 내용이 나를 그렇게 보여줄 수 있는가?' 이제는 쓸 수 있을 만큼의 정보만 있으면 된다.

맥락 없는 정보는 독이 된다

정보가 가장 넘쳐나면 넘쳐날수록 어려운 분야가 무엇일까? 바로 시험공부다. 학창시절 성적을 올리려고 수많은 시험범위 중에서 얼마나 고르고 골랐는가. 그런데 이 방법도 잘하는 사람이 있고 그렇지 못한 사람이 있다. 어떻게 하면 좋은 정보를 골라낼 수 있을까? 여기 작은 실험이 우리에게 메시지를 던진다. 스탠포드대학교 사회심리학교수 페트리샤 첸(Patricia Chen)은 B+성적을 기록한 학생을 대상으로 15분의 실험을 했다. 내용은 이렇다. 시험 며칠 전 실험에 참여한 50명을 고교 졸업성적, 학습열의가 비슷한 두 그룹으로 나누고 한 그룹은 평소처럼 공부하도록 했다. 나머지 한 그룹에게는 아래의 질문을 던졌다.

- 당신이 볼 시험은 어떤 시험인가요?
- 그 시험에서 어느 정도 성적을 원하나요?
- 그 성적을 받는 것은 얼마나 중요한 일인가요?
- 시험에서는 어떤 문제들이 나올 것이라 생각하나요?
- 어떤 자료를 중심으로 공부할 것인가요?
- 왜 그 자료가 유용하다고 생각하나요? 어떻게 활용할 것인가요?

시험이 끝나고 설문조사를 진행하지 않은 그룹은 평소대로 B+ 정도의 성적을 받은 반면, 설문조사를 한 그룹은 A 또는 A+로 성적이 향상했다. 재미있는 것은 설문에 참여한 학생들은 시험기간 동안 스트레스마저도 더 적게 받았던 것으로 나타났다. 첸 교수는 이렇게 이야기했다.

"학생들에게는 이 실험이 공부하는 목적을 다시 생각하고 자기 자신의 공부법을 진단하고 공부 계획을 그려보는 시간이 됐다. 이런 작업이 공부의 효율성을 높였고 효율성이 높아지면서 스트레스도 덜 받게 된 것이다."

이처럼 문제에서 잠시 물러서서 보는 것은 매우 중요하다. 내가 이것을 왜 하는지 핵심을 찾아내야 복잡함이 사라지고 일이 쉬워진다. 이러한 효과를 메타인지 효과(상위인지 효과)라고 한다. 쉽게 이야기하면 자신의 생각이 왜 그런지 아는 것이다. '생각에 대한 생각'이라고 부르기도 한다. 내가 해야 하는 일에 대해서 목적, 목표, 맥락 등을 이해하면서 마치 3자의 입장처럼 내가 해결할 문제를 바라보는 것이다. 메타인지에서는 이때 필요한 정보들을 크게 세 가지 지식으로 나누어 구분한다.

- 서술지식: 자신이 얼마만큼의 지식과 능력을 가지고 있는지 아는 것
- 절차지식: 어떤 일이 어떻게 일어나는지 이해한 정도를 정확하게 아는 것
- 전략지식: 지식을 습득할 때 어떤 방법을 택해야 할지 아는 것

메타인지는 우리 삶에서도 매우 유용하다. 메타인지가 높은 사람들은 고정관념들도 다시 한 번 옳은지 생각해보면서 알을 깨고 나온다. 우리는 이런 사람들에게서 삶을 주도적으로 사는 에너지를 느낀다. 비즈니스에서 기획력도 기존의 것에서 깨어난 사람들이 주

도한다.

메타인지가 낮은 경우 사람은 큰 그림을 그리지 않고 세상이 만든 고정관념을 그대로 받아들인다. 앞에서 다루었던 세대 차이나 성별에 대한 편견 등 메타인지가 없는 구성원들은 사회적, 윤리적 비난을 받는 행동을 하게 된다. 이런 습관은 점점 스며들고 자신을 그것에 맞추는 합리화를 반복하게 된다.

좋은 스승이나 상사를 떠올려보자. 나에게 좋은 영향을 끼친 사람들을 보면 대부분 자신의 삶에 있어서의 경험을 조언 또는 충고하기보다 나에게 질문을 던지면서 내 스스로를 거울에 비춰준다. 고민이 언제부터 시작된 것인지, 그래서 얼마나 힘이든지, 쓸모없는 고민을 하고 있는 것은 아닌지 그 사람이 생각을 정리하도록 돕는다. 누군가의 메타인지를 깨워주는 것이야말로 3자의 눈으로 다른 사람을 돕는 방법이다. 변화하는 세상에는 꼰대보다 열린 사람들이 좋은 평가를 받는다.

남의 문제해결 검토하기

가장 빠른 학습방법은 '모방'이다. 다른 사람의 문제해결 방법을 보고 참고하는 것은 우리를 헛발질하지 않도록 도와준다. 하지만 모방할 때 겉모습만 보고 쉽다고 착각할 수 있다. 벤치마킹이라는 멋진 이름으로 누군가의 결과물이나 현상만을 그대로 가져오면 대부분 실패한다. 모방에도 지켜야 할 규칙들이 있다.

아래의 내용은 논리적 사고 프로세스(CLR, Category of Legitimate Reservation) 검토사항을 응용한 질문들이다. 실제 프로젝트에서 현장방문이나 성공사례 인터뷰를 진행할 때 매우 효율적으로 활용할 수 있다.

만약 인터뷰에서 이 질문들을 활용한다면 질문을 받는 상대방에 대한 배려를 명심해야 한다. 질문한 다음 상대방이 대답해주는 경험을 존중하는 태도로 들어야 더 많은 정보를 제공받을 수 있다.

- 명확성(Clarity): 받아들인 내용을 확인하기 위해

  [이해한 것을 설명하며] 제가 제대로 이해한 것이 맞나요?

- 실체의 존재(Entity Existence): 설명에 과장이나 잘못된 해석이 있는지 보기 위해

  [본인의 상황을 설명하며] 노하우를 직접 실행하신건가요? 제가 적용해도 같을까요?

- 인과관계의 존재(Causality Existence), 원인과 결과의 도치(Cause-Effect

Reversal): 제시한 설명 사이에서 나타나는 인과관계인지 확인하기 위해

[제시한 원인을 나열하며] A를 통해서 B를 달성하신 것이 맞나요?

• 원인 불충분(Cause Insufficiency), 부가적 원인(Additional Cause): 제시한 설명 외에 다른 원인들이 있는지 확인하기 위해

[제시한 원인을 나열하며] B를 달성하게 하는 다른 요소는 없었나요?

• 예상 결과 존재(Predicted Effect Existence): 제시한 설명이 다른 결과(혹은 부작용)가 있는지 확인하기 위해

[제시한 결과를 칭찬하며] 그 외에 다른 성과가 있었나요? 혹시 부작용은 없었나요?

문제는
프로젝트다

인간은 모든 문제를 해결하지 않는다

직장을 그만두고 한 기업의 대표를 맡고 있는 친한 CEO와 종종 만나서 사업 이야기를 나눈다. 매번 자신의 분야에서 꾸준한 매출을 이끌어내는 그의 기업가 포스에 놀란다. 경쟁사의 문제, 고객의 니즈 변화, 원자재 가격 등 모르는 것이 없다. 세상을 놀라게 할 만한 내용들을 수두룩하게 이야기한다. 새로운 아이디어들도 쏟아진다. 그를 만날 때마다 나 역시도 성공을 앞둔 것처럼 열정이 가슴에 불타오른다.

하지만 한 달 뒤, 다시 만나면 대부분은 제자리에 머물러있다. 우스운 이야기처럼 들리지만 우리도 대부분 마찬가지다. 습관처럼 결심하고 이야기하고 포기하는 과정을 거친다. 건강관리, 재테크, 다이어트부터 비즈니스의 홍보, 영업, 개발 등 혹시 문제에 대해서 다 아는 듯 이야기했지만 현실은 제자리인 것이 대부분이지 않은가? 왜 우리는 문제 단계에서 그 다음 단계로 넘어가지 않는 것일까? 우리가 평소에 느끼지는 않지만 분명히 존재하는 한 단계의 의사결정이 있다. 그것을 '마음먹음(Commitment)'이라고 부른다.

우리가 평소 쓰는 '결정(Decide)'이 아닌 '마음먹음(Commitment)'이라는 단어를 선택한 이유는 문제를 실천으로 옮기는 것은 단순한 결정이 아니기 때문이다. 많은 요소들이 작동한다. '열정', '절박함', '가능성', 더 나아가 '주변인의 시선'까지도 영향을 미친다. 모든 것을 고려해서 결국 문제를 해결까지 가는 것은 무게 있는 발걸음을 내딛는 것이다. 마음을 먹고 저지르는 사람과 마음을 먹은 것으로 착각하는 것은 하늘과 땅 차이다.

우리의 대부분의 문제는 더 나아질 지 모르는 불확실한 모험이 있다. 이직처럼 말이다. 만약 이런 결정하기 어려운 문제들을 꼭 해결해야만 한다면 어떻게 해야 할까? 그럴 때는 바로 '저지름'이 필요하다. 이는 문제를 해결 가능한 형태로 인식하는 과정이다. 이 과정을 거치면 비로소 문제(Problem)는 프로젝트(Project)가 된다. 이것이 해결의 시작이다.

마음먹었다면 이제 프로젝트에 집중하자

이번에는 문제(Problem)와 프로젝트(Project)에 집중해보자. 두 단어는 똑같이 미래를 나타내는 접두사(Pro)를 가지고 있다. 하지만 뒤에 붙는 뿌려놓음(-blem)과 쏘다(-ject)라는 다른 뜻을 가지고 있다. 결국 문제와 프로젝트의 차이는 '해결할 것인가, 아니면 방치할 것인가'라는 정 반대의 의미를 가지고 있다. 문제는 미래를 우리의 앞에 뿌려놓는 것이고, 프로젝트는 미래를 쏘아 올려 기회로 만드는 것이다.

'프로젝트'라는 단어를 보면 머릿속에 어떤 모습이 떠오르는가? 많은 회사원들이 모여서 회의하고 있는 모습? 실리콘밸리에서 자유롭게 브레인스토밍 하는 모습? 이런 이미지들은 대부분 거창한 모습이다. 무엇인가 거대한 전략을 세우고, 많은 보고서들이 나오고 엄청나게 혁신적인 아이디어가 나와 성공하는 것을 연상한다. 그러나 이 모습들은 현실과 전혀 다르다. 프로젝트는 꼭 전문가의 모습들이 아니다. 모든 사람들이 해결하려는 의지가 있는 상태가 되면 그것은 프로젝트다. 우리 삶의 모든 내용에서 내가 해결하고자 하는 문제가 있다면 그것이 바로 프로젝트다. 계획과 실행방법은 마음먹은 다음부터 고민해야 하는 것이다. 문제해결력의 시작점은 바로 이러한 해결의 패러다임으로 문제를 바라보는 것부터 시작하게 된다.

구체적인 프로젝트로서 접근하는 것은 목표와 목적을 뚜렷하게 한다. 그래서 단순한 아이디어나 수다에서 그치지 않게 한다. 당신의 분야에서 방법이 복잡하다면 단계를 축소하는 프로젝트를 기

획하고, 프로그램이 사용자 컴퓨터 환경에서 돌아가지 않는다면 사용자의 입장에서 거침없이 테스트해 본다. 숨기지 않고 문제를 찾아내기에 적극적으로 활동한다. 이렇게 문제를 해결하는 사람들을 우리는 '일을 잘하는 사람'이라고 부른다. 모두가 그들을 원하고 그들이 시장을 장악하는 것은 당연한 결과이다. 프로젝트를 성공한 사람들을 한번 유심히 관찰하는 것 그것은 충분한 가치가 있다.

실제로 문제해결 프로젝트의 현장에서 팀이 문제를 프로젝트로 설정하는 능력은 성패에 지대한 영향을 미친다. 예를 들어 당신의 온라인 쇼핑몰에서 고객이 구매 직전까지 클릭하고 구매하지 않는 현상을 인식하지도 못한다면 문제해결은 시작도 할 수 없다. 더 안타까운 경우는 상황은 문제로 인식했음에도 '별거 아니야'라며 고객의 단순 변심으로 직관하는 순간 문제는 뿌려지고 방치된다. 경쟁사는 그것을 개선하고 달려가고 있는데 말이다. 우리가 감지한 문제를 프로젝트로 결정하는 타이밍은 너무나 중요하다. 감지는 빠를수록 좋고, 해결 가능하다면 가급적 빨리 프로젝트로 설계해야 한다.

우리의 삶도 프로젝트다

개인의 문제는 더욱 '마음먹음'에 따라서 크게 요동친다. 옛날부터 '평안감사도 저 싫으면 그만이다'라고 하지 않았나? 우리는 주변의 눈을 의식하며 복잡하고 쓸모없는 고민들을 계속 하고 있지만 가장 중요한 것은 무엇인가? 나를 위한 나 자신의 문제해결일 것이다. 이것은 누구도 결정할 수 없다. 나의 결정이 나를 만들어간다. 조직의 문제해결력과 달리 개인의 문제해결력은 삶 그 자체이다.

우리는 언제 불행함을 느끼는가? 언제 자존감에 큰 상처를 입는가? 인간관계, 재테크, 자기계발 등 개인적인 삶의 문제를 방치하다 보면 언젠가 다른 사람들과 비교하게 된다. 이때 우리는 부정적인 감정을 느낀다. 다른 사람에게 기회를 넘겨주고 나의 힘보다 다른 사람의 의사결정에 따라갈 수밖에 없게 된다. 그런 무기력한 삶을 원하는 사람은 없을 것이다.

지금 나의 삶이 무엇도 결정할 권한이 없는 것처럼 무기력하게 느껴진다면 한번 돌아보자. 누군가 대박이 났다는 소문에 의해 무리해서 단순히 주식을 구매하지 않았는가? 영업사원의 화려한 언변에 충동적으로 금융상품을 가입하지 않았는가? TV의 프로그램에서 우리에게 심어놓은 고정관념으로 적금을 부어야 하고 서른이 되면 차를 사야 한다고 생각했는가? 나의 문제로 또는 나의 프로젝트로 인식했다면 자신의 페이스대로 주도하고 나의 권한을 느끼는 삶을 살 수 있다. 프로젝트를 통해 현재와 미래의 목표를 명확하게 설계하자. 문제의 크기만큼 자신을 높이 쏘아 올릴 수 있는 기회로 보자. 그리고 행동으로 해결을 결정하는 '저지름'을 보여주자. 우리는 그렇게 새로운 문제, 프로젝트를 만날 때마다 발전하고 가치를 만들어 갈 것이다.

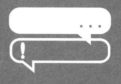

Chapter 5

—

세상의 문제를
해결하는
일곱 가지 방법

"만약 당신이 망치밖에 없다면,
모든 문제를 못으로 보게 될 것이다."

- 에이브러햄 매슬로

문제해결의 기본: 맥킨지의 7s

세계에서 가장 저명한 컨설팅사는 어떻게 문제를 해결하는가? 답변은 책 《맥킨지는 일하는 방식이 다르다》를 통해서 세상에 알려지게 되었다. 지금은 맥킨지의 문제해결 방식을 구식으로 바라보는 시선도 있지만, 현존하는 모든 문제해결 프로세스의 기본이 되니 꼭 알고 넘어가야 한다.

맥킨지의 문제 정의: Gap 분석

이 책의 3장에서 우리가 문제를 설정했던 방식을 기억하는가? 지금의 상태-원하는 상태(As-is/To-be)를 명확히 하는 방식이 바로 맥킨지의 방법이다. 구체적으로 문제가 설정되면 이제 세부 이슈들을 우선 순위에 따라 나열한다.

어떤 이슈를 통해 문제를 해결하는가는 한정된 자원을 쓰는데 매우 중요하다. 그래서 맥킨지는 우선순위(Priority)를 과제 선정 기준으로 활용한다. 가장 효과가 확실시 되는 것, 가장 치명적인 것 등 우선순위의 기준은 문제에 따라 다양하다. 어떤 문제는 명확하게 보이고 어떤 문제는 사람마다 다르게 들린다.

명확한 문제정의는 논리적으로도, 실행력 측면에서도 크게 도움이 된다. 예를 들어 노트북을 판매한다고 가정해보자. 그저 '20대 대상 노트북 구매유도 마케팅 문제'라고 했을 때 문제의 접근이 너무 막연하게 느껴진다. 이럴 때는 문제의 핵심이 명확히 들어나는 구체적인 언어로 표현하는 것이 좋다(Specific). 달성하고자 하는 측정가능한 지표/목표를 명확히 하고(Measurable), 문제해결의 주체가 무엇을 해야 하는지도 명확히 드러나야 한다(Action oriented). 문제의 핵심 내용과 밀접하게 연결시키고(Relevant), 문제 해결을 위한 시간이나 단계도 확실하게 정해야 한다(Time-bound). 이처럼 명확하게 문제를 정의했을 때, 막연한 마케팅 문제가 'SNS채널을 활용한 대학교 3,4학년 신학기 노트북 재구매율 3% 증대'라는 명확한 문제로 정의될 수 있다.

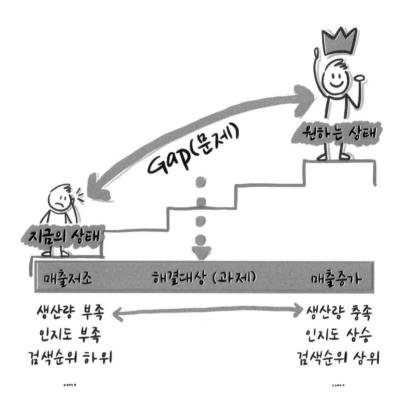

맥킨지 스타일의 세 가지 기본기

McKinsey exists to solve business problems.
맥킨지는 비즈니스 문제해결을 위해서 존재합니다.

단 한 문장으로 자신을 표현하는 것이 얼마나 어려운지 모른다. 그런데 맥킨지는 위의 한마디로 더도 없고 덜도 없는 자신의 스타일을 보여줬다. 맥킨지의 문제해결 프로세스는 논리적으로 부스럼이 없는 상태를 찾아가는 것이 매력 포인트다. 맥킨지만의 사고가 가능하도록 하는 개념만 알아도 절반은 안 것이다. 아래의 세 가지 개념을 적용하면 맥킨지 프로세스를 따라가는데 큰 무리가 없을 것이다.

사실을 두려워하지 말라

문제를 해결하는 과정에서 '사실'은 결국 드러난다. 덮으려고 해도 덮어지지 않는다. 이렇게 드러난 사실을 있는 그대로 받아들이는 것은 쉽지 않다. 맥킨지는 사실이 컨설팅의 가장 중요한 요소임을 강조하고 문제해결과정에서 제3자를 끌어들여서라도 사실 그대로 보도록 지원한다.

맥킨지의 리포트에 따르면 사실을 매우 공격적으로(Aggressive) 처리한다고 되어있는데, 이것은 사실을 통해 고객사를 공격한다는 뜻이 아니라 사실을 모아야만 문제를 해결할 수 있다는 적극적인 마음가짐에 가깝다.

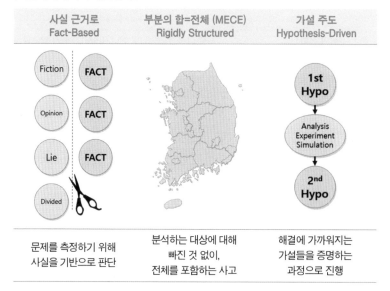

| 맥킨지의 세 가지 기본 원리 |

사실 근거로 Fact-Based	부분의 합=전체 (MECE) Rigidly Structured	가설 주도 Hypothesis-Driven
문제를 측정하기 위해 사실을 기반으로 판단	분석하는 대상에 대해 빠진 것 없이, 전체를 포함하는 사고	해결에 가까워지는 가설들을 증명하는 과정으로 진행

구조화하는 것에 엄격하라

사실이 모였다 한들 그것을 제대로 정리하지 않으면 데이터를 해석할 때 한쪽으로 쏠리는 편향 현상이 나타날 수 있다. 그래서 그들은 사실을 최고의 완성도로 만드는 MECE(Mutually Exclusive, Collectively Exhaustive) 사고법을 강조한다.

MECE는 서로 중복되지 않는 상호 대립되는 요소들도 모두 찾아내는 것을 의미하는데, 모두 합친 것들이 문제의 전체를 의미할 수 있어야 하는 것이다. 특별히 맥킨지는 MECE로 사실들을 구성할 때 너무 많은 구분으로 쪼개지 않으려는 경향을 보인다. 이는 핵심요인을 중심으로 구분만 할 수 있으면 된다는 뜻으로, 완벽함 속에서

| 맥킨지 문제해결 프로세스 7 Steps |

Steps	Key Point
1. 문제의 정의 (Define Problem)	서로 다른 문제정의로 에너지 낭비가 되지 않도록 문제를 정확하게 설정함
2. 세부 이슈 구조화 (Structure Problem)	이슈 분석이 쉽고 명료하도록 해결 가능한 수준으로 쪼개서 구조화함
3. 이슈 우선순위 설정 (Prioritize Issues)	문제해결에 들어가는 비용대비 효과를 키우기 위해 이슈의 우선순위에 따라 자원을 배분함
4. 이슈 분석 계획 수립 (Plan Analyses & Work)	문제해결 프로젝트의 운영을 위해서 필요한 작업 및 담당 스케줄을 정함
5. 가설기반 이슈 분석 (Conduct Analyze)	문제해결을 위한 가설기반 팩트를 체크함
6. 검증/시사점 도출 (Synthesize Findings)	가설 검증 결과를 우리의 문제에 적합하도록 시사점의 형태로 전환함
7. 결론 전달 및 실행 (Develop Recommendation)	시사점의 우선순위에 따라서 문제해결의 결론을 제시&실행함

심플함의 힘을 찾으려는 맥킨지의 저력이다.

사실에서 문제를 추론하라

문제를 해결하는 본격적인 단계에서 첫 번째 하는 일은 정리된 사실을 통해서 초기 가설을 다양하게 설정하는 것이다. '이 상태가 지속된다면 어떻게 될 것인가?', '지금의 상태는 어디로부터 온 것인가?' 등 파악 가능한 이슈들을 정리하고 그 중에서 핵심요인을 발굴하는 것에 집중한다.

핵심요인을 찾으면 그와 관련된 실행 가능한 행동지침(Actionable Order)를 찾아내는 것에 남은 에너지를 모두 쏟아낸다. '지금 할 수 있는 일은 무엇인가?', '지금 해야만 하는 일은 무엇인가?'를 계속해서 탐색하며 현 상태의 최선의 답을 찾아내는 것에 집중한다.

맥킨지 문제해결 프로세스 7 Steps

위 세 가지의 기본 원리만으로도 충분히 강력하지만 이론은 활용 가능해야 빛나는 법이다. 그런 의미에서 맥킨지 7 Steps는 자신들의 사고방법을 문제해결에 적용하는데 매우 심플하고 일반적인 프로세스를 제공한다.

7 Steps을 함께 따라가며 문제의 핵심을 찾는 과정 그리고 실행의 우선순위를 찾는 감각을 익혀보자. '문제의 숲'에 있는 나무를 분류하고 선택해서 가장 적합한 나무를 찾는 과정이다.

맥킨지 문제해결 따라 하기

문제해결 프로세스의 구조는 심플하고 강력하다. 우리의 현장에서 이성적이고 논리적인 마인드를 유지하며 문제를 보는 눈에 도움을 준다. 다음 페이지에 나오는 간단한 문제로 문제해결을 흉내내보며 학습해보자.

실습 문제	10,000원 이하의 필요 없는 지출 줄이기			
Steps	My answer			
1. 문제 정의 지출 현실과 기대모습 구체화				
2. 세부 이슈 구조화 지출 요소나 지출 요인 정리	Issue 1	Issue 2	Issue 3	Issue 4
3. 이슈 우선순위 설정 예상효과가 높은 순서대로	Priority 1	Priority 2	Priority 3	Priority 4
4. 이슈 분석 계획 수립 우선순위대로 일정 수립	Plan 1			
	Plan 2			
	Plan 3			
5. 가설 기반 이슈 분석 팩트체크를 통한 가설 검증	Hypo 1			
	Hypo 2			
	Hypo 3			
6. 검증/시사점 도출 가설 검증이 나에게 주는 의미	Result 1			
	Result 2			
	Result 3			
7. 결론 전달 및 실행 그래서 앞으로 어떻게 할 것인가?				

발명과 패턴의 미학:
TRIZ

모순을 발견하는 눈

1960년대 NASA는 케네디 대통령이 언론에서 "Man on the moon"을 외치는 바람에 어깨가 엄청나게 무거워졌다. 예산이 얼마든, 무슨 일이 있든 무조건 달 착륙을 해야 하는 것이다. 그때 발생한 문제 중 하나가 우주탐사선 하부에 백열전구를 달아 주변을 밝히는 것이었다. 우주선과 함께 우주를 뚫고 나가려면 부서지지 않는 강한 전구가 필요했다. 문제가 해결되지 않아 결국 라이벌인 소련 출신 과학자를 초빙했다. 그는 문제를 듣고 이렇게 말했다. "진공 상태는 유리가 필요 없는데요."

문제는 생각을 바꾸면 전혀 달라진다. 그리고 생각을 바꾸는 것,

그것이 새로운 방법의 시작이자 발명이다. 그러나 고정관념에서 빠져나와 다르게 생각한다는 것 자체가 너무 어렵다. 하지만 이를 이겨내는 공통적인 패턴이 존재한다면 어떨까? 트리즈(TRIZ)에서는 문제가 풀리지 않게 하는 모순을 극복하도록 도와주는 패턴을 제시한다. 트리즈는 발명 이외에 깊은 분야들을 다루고 있지만 트리즈의 기본인 모순을 발견하는 눈과 마흔 가지 발명원리만으로도 문제 해결에 큰 도움을 줄 수 있다.

심리적 고정관념을 극복하기

아인슈타인은 '문제를 다르게 이해하는 것이 창의적인 것'이라고 했다. 트리즈를 접근하는 핵심은 문제를 다르게 보기 위해 고정관념에서 벗어나는 것이다. 만약 핸드폰을 통화하는 물건으로만 생각했다면 스마트폰은 존재하지 않았을 것이다. 문제도 마찬가지다. 해결해본 경험이 없다고 불가능하다거나 하나의 해결안만 고집하면 혁신은 이루어지지 않는다. 현재의 모습을 다음의 네 가지로 확장해서 보면 시스템이 보인다.

- 시스템의 상위 확장: 시스템의 기능에 영향을 미치는 모든 것
- 시스템의 하위 확장: 시스템의 구성요소와 부품들
- 시간의 미래 관점: 문제 발생 후 또는 직후
- 시간의 과거 관점: 문제 발생 이전 또는 직전

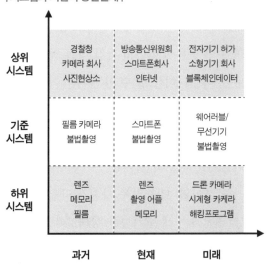

	과거	현재	미래
상위 시스템	경찰청 카메라 회사 사진현상소	방송통신위원회 스마트폰회사 인터넷	전자기기 허가 소형기기 회사 블록체인데이터
기준 시스템	필름 카메라 불법촬영	스마트폰 불법촬영	웨어러블/ 무선기기 불법촬영
하위 시스템	렌즈 메모리 필름	렌즈 촬영 어플 메모리	드론 카메라 시계형 카케라 해킹프로그램

| 시스템과 시간의 상관관계 |

해결대상을 선택할 때는 단기적 해결 문제가 효율이 높으며, 미래의 상위 시스템에서 문제를 인식하는 것이 비즈니스 차원에서는 훨씬 가치가 높다.

모순을 극복하기

모순은 두 가지로 나눌 수 있는데, 하나는 기술적 모순이고 다른 하나는 물리적 모순이다. 기술적 모순은 하나를 달성하면 하나가 악화되는 상황으로, 서로 다른 요소의 충돌이라고 볼 수 있다. 예를 들어 공항의 활주로를 늘리기 위해 공간이 배수로 필요한 경우가 이에 해당한다. 물리적 모순은 한 물체가 충돌하는 두 가지 특성을 가져야 하는 것으로, 같은 기술 내의 충돌이라 볼 수 있다. 단단하지만 얇은 금속을 개발하는 것이 이에 해당한다고 볼 수 있다. 트리즈에서는 두 가지 모순의 종류에 따라서 각각 다른 해결 방법을 제시한다. 기술적 모순은 아이디어를 낼 수 있는 마흔 가지 발명원리를 제시하고, 물리적 모순은 특성을 분리하도록 시간, 공간, 조건, 전체에 대한 분리를 제시한다.

모순과 불가능에는 태도의 차이가 존재한다. 불가능은 우리가 안 된다고 정의한 것이고, 모순은 두 가지가 양립하지 못하는 상태를 말하다. 트리즈에서는 해결 가능한 상태로 보고 모순을 만드는 요소를 분리해서 생각하는 기본 원리를 가지고 있다. 차가운 음료를 담으니 컵이 너무 차갑고, 책을 가지고 다니자니 무겁다. 날카롭게 만들자니 위험하다. 맛있게 먹고 싶지만 살이 찌는 것은 괴롭다. 이런 상태를 불가능하다고 생각하면 영원히 우리는 불편함을 가지게 되는 것이다.

일반적으로 모순인 상태가 되면 그것을 우리는 문제라고 한다. 하지만 모순을 해결하는 사람들은 많지 않다. 대부분 '적당히' 중간선에서 타협하는 방안을 선택한다. 사실 이런 '적당히'는 해결하는 것이 아니다. 사실은 '애매한' 상황을 넘어가는 방법이다. 트리즈는 이런 '애매한'을 '분명한' 상태로 쪼개서 해결 가능한 단위로 바라본다.

짜장과 짬뽕을 동시에 담는 '짬짜면 그릇', 단단하지만 유연하도록 만든 '자전거 체인', 낮은 흡입력을 커버해주는 '롤 브러시 청소기' 모두 모순을 해결가능한 단위로 바라보고 단위별로 해결한 사례다.

문제의 특성			해결 원리
정형화된 표준문제	모순 문제	기술적 모순	40가지 발명원리
		물리적 모순	4가지 분리 원리
	물질상호작용		Su-Field 분석 & 76가지 표준 해결책
	달성해야 할 유익한 기능		Faction Model
정형화되지 않은 비표준문제			창의적 문제해결 ARIZ
미래 문제 예측			Prediction & 진화법칙

발명의 원리는 이런 물체를 넘어 비즈니스에도 적용할 수 있다. 예를 들어 무료 서비스의 고객매력도와 유료 서비스의 수익성에 대한 모순을 해결하고자 할 때, 게임 시간이 중요하다면 '일정 시간 무료 후 유료', 공간이 가치 있다면 '1개의 아이피에서만 무료, 여러 곳에서 하고 싶으면 유료'처럼 다양한 모델로 바꿀 수 있다. 모순을 안다는 것은 트리즈에서 가장 강력한 부분이다.

문제에 따라 달라지는 트리즈

트리즈를 처음 접하면 정말 명쾌하다. 모든 상황을 해결할 수 있을 것 같은 느낌이 든다. 그러나 이것은 대표적인 초보자의 자신감일 뿐이다. 이 책에서 살펴본 내용만으로 트리즈를 모두 아는 것은 아니다. 규칙으로 잘 정리된 원리는 편리한만큼 적용되지 않는 부분이 있을 수 있다. 트리즈 사고 식으로 표현하자면, 단순화하면 사용은 쉬우나 많은 부분이 빠지는 모순이라고 할 수 있다.

트리즈를 조금만 깊게 알아보면 사실 수많은 도구들이 존재한다. 적어도 어떤 모습이 트리즈의 전체 구성인지는 알고 넘어가자.

물리적 모순 문제 풀어보기

실제로 우리 주변에 있는 아주 간단한 요소들로 간단한 실습을 해볼 수 있다. 다음 표를 직접 채우면서 문제를 해결해보자. 그리고 시간이 된다면 나의 분야에서도 한번 적용해보자. 혹시 알까? 대단한 신제품을 기획하게 될지.

커피숍 진동벨 문제	'진동벨'의 소리가 커서 카페 분위기를 해친다.	
고객에게 안내는 잘 하지만 시끄럽지 않은 도구	시간에 의한 분리 (언제 안내해야 하나)	
	공간에 의한 분리 (어디에서, 어디로 안내)	
	조건에 의한 분리 (특정 조건에서 안내)	
	부분과 전체에 의한 분리 (부분만 안내하고)	
휴대용 키보드 문제	아이패드의 '휴대용 키보드'는 가지고 다니기 불편하다.	
사용도 편리하고 휴대도 편리한 키보드	시간에 의한 분리 (언제 커야 하나)	
	공간에 의한 분리 (특정 부분만 크면)	
	조건에 의한 분리 (특정 조건에서만 크면)	
	부분과 전체에 의한 분리 (전체는 작고 부분은 크고)	

TRIZ의 마흔 가지 발명 원리

No.	원리	예시
1	분할	쪼개거나 나눔
2	추출	필요한 부분만 추출함
3	국소적 품질	부분의 상태나 품질을 바꿈
4	비대칭	대칭을 부분 비대칭으로 바꿈
5	통합	공간 또는 작업을 통합
6	다용도	하나의 부품을 여러 용도로 사용
7	포개기	포개거나 집어넣음
8	평형추	중력/역학을 없애거나 이용함
9	사전 반대 조치	미리 반대 방향으로 조치함
10	사전 조치	미리 배치하거나 힘을 가해놓음
11	사전 예방 조치	미리 예방함
12	굴리기/높이 맞추기	작업의 위치를 조정함
13	반대로 하기	작용을 거꾸로 함 / 뒤집음
14	곡선화	직선을 곡선으로 변환
15	자유도 증가	부분, 단계를 가변
16	초과 또는 부족	지나치게 해버리거나 부족하게 함
17	차원 바꾸기	X, 혹은 Y축 등으로 차원을 바꿈
18	진동	진동을 이용함
19	주기적 작동	연속적으로 하지 않고 주기적으로 함
20	유용한 작용의 지속	유용한 작용을 쉬지 않고 지속함

21	급히 통과	유해하다면 빨리 진행해버림
22	전화위복	유해한 것은 좋은 것으로 바꿈
23	피드백	피드백을 도입함
24	매개체	직접 하지 않고 중간 매개물을 이용함.
25	셀프서비스	스스로 기능이 수행되게 함
26	복사	복잡하고 비싼 것 대신 간단한 것으로 복사함
27	값싸고 짧은 수명	한번 쓰고 버림
28	기계시스템 대체	다른 기계적 원리를 수행하는 대상이나 시스템과 교환함
29	공기 및 유압사용	공기나 유압을 사용함
30	유연한 얇은 막	유연한 막과 얇은 필름을 사용함
31	다공질 물질	구멍이 숭숭 뚫린 물질을 사용함
32	색깔 변형	색깔 변형 등 광학적 성질을 사용함
33	동질성	기왕이면 같은 재료를 사용함
34	폐기 및 재생	다 쓴 것은 버리거나 복구함
35	속성 변화	물질의 속성을 변화시킴
36	상전이	부피, 열의 방출 혹은 흡수 등 상전이 동반하는 물리적 현상을 활용함
37	열팽창	원료의 열을 높이거나 줄임
38	산화제	반응의 정도를 증가시킴
39	불활성 환경	진공/중성/정지 상태를 만듦
40	복합 재료	단일한 재료대신 복합재료를 활용함

실전에서 학습하라:
Action Learning

학습하며 해결하다, 액션러닝

학습은 책상 위에서만 이루어지고 훈련은 별도로 나누어서 생각하는 것은 오류이자 편견이다. 진짜 도움이 되는 학습은 진짜 현장에서 직접 문제를 해결하며 경험해보는 것이다. 문제를 해결하는 경험을 학습으로 만드는 것이 바로 액션러닝(Action Learning)이다. 액션러닝의 정의는 학습자가 직면한 실제 문제를 팀 구성원과 해결하는 과정에서 문제해결과 학습이 동시에 이루어지게 하는 방법이다. 당장 성과를 내야하는 문제해결이라면 학습에 대한 동기부여도 걱정할 것이 없다.

경험이 있는 학습이 진짜 학습이다

신입사원이 첫 출근을 하면 내 생각대로 되는 게 하나도 없다. 면접 볼 때까지는 많은 것을 알고 있다고 생각했지만 막상 현장에 가보면 처음부터 다시 시작해야 한다. 그곳에는 학교에서 배운 전공지식 이외에도 문화, 시스템, 시장 환경 등 많은 것들이 존재한다. 이것을 다시 학교로 돌아가서 공부해온다? 말이 되지 않는다. 지금부터 경험으로 학습하는 것이 가장 확실하다. 만약 경험으로 학습하는 것을 설계할 수 있으면 얼마나 좋을까? 진짜로 그가 해야 하는 실제 과제에서 출발하면 어렵지 않다.

액션러닝이 설계 과정에서 다른 문제해결 학습법과 가장 큰 차이를 두는 부분이 바로 과제의 형태가 실제라는 점이다. 실제과제는 가상과제와 달리 몰입, 실행력 모두 차원이 다르다. 한 번도 해보지 않은 영역이라면 더욱 적합하다. 신입사원의 적응과제, 영업팀 성과창출과제, 임원급의 전략과제 등 그야말로 진짜로 해야만 하는 것을 달성하며 동시에 학습한다. 그들은 학습자이자 해결사가 된다. 액션러닝을 하는 과정에서 과제 관련 기술적, 절차적 지식뿐만 아니라 문제해결력까지도 학습 할 수 있다.

실제과제가 더욱 좋은 경험 학습으로 이어지게 하려면 몇 가지 조건을 충족시킬 필요가 있다. '정답이 아닌 창의적 답이 필요한 과제', '조직이 추구하는 가치와 일치하는 과제', '전담부서가 없는 과제', '프로젝트 기간 내 실행 가능한 과제' 등 제대로 된 효과를 원한다면 학습자들에게 도전적인 과제를 줄 필요가 있다. 실제 내가 참여했던 A기업의 'OO상품 중국진출 과제', B공공기관의 '신규임용지역 행정개선 과제', C대학의 '창의적 공학설계 공모전 과제' 등 모두 이런 요소들을 고려해서 과제를 선정했다. HRD부서에서 준비할 수도 있지만 구체적인 과제는 학습자가 직접 선정해야 동기가 더욱 올라간다.

다양한 관점이 학습과 성과를 만들어낸다

고민이 있을 때 혼자서 머리를 꽁꽁 싸매는 것보다 누군가에게 물어보는 것이 더욱 확신을 준다. 만약 나와 같은 문제를 한 마음으로 해결하고자 하는 팀원들이 있다면 얼마나 든든할까? 팀 단위의 문제해결은 다양성뿐만 아니라 속도도 이끌어낸다. 집단지성을 끌어내는 것은 VUCA시대의 필수 역량이다.

하나의 과제로 팀이 구성되면 문제를 맞이하며 다양한 경험을 하게 된다. 문제가 마무리 될 때까지 의사결정, 갈등 그리고 역할분담의 연속이다. 이때 퍼실리테이션과 같은 민주적 의사결정 도구를 학습자들이 자연스럽게 학습할 수 있다. 팀 활동에 있어서 선택이 아닌 필수다. 직접 그 역할을 수행한다면 가장 좋다.

조심스러운 점이 있다면 사내의 학습자들 간에는 기존의 관계가 있다. 선후배 친구 또는 그보다 더 가까운 사람들이 갑자기 전문가의 활동을 하는 것이 어색할 수 있다. 이때 액션러닝에서는 팀 활동을 조력해주는 사람인 '러닝코치(Learning Coach)'를 활용한다. 사내

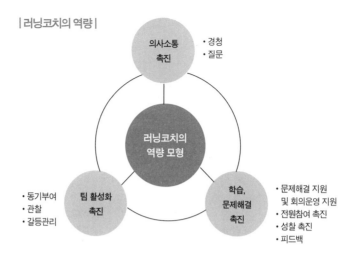

| 러닝코치의 역량 |

의사소통 촉진
• 경청
• 질문

러닝코치의 역량 모형

• 동기부여
• 관찰
• 갈등관리

팀 활성화 촉진

학습, 문제해결 촉진

• 문제해결 지원 및 회의운영 지원
• 전원참여 촉진
• 성찰 촉진
• 피드백

전문가가 없다면 외부의 코치를 팀 미팅에 함께 하는 것도 좋다. 그들은 과제의 내용에는 중립을 취한다. 대신 경청하고 질문하며 상황에 따라 문제해결 도구를 제공하는 역할을 하는 프로세스 전문가 역할을 수행한다. 팀이 매끄럽게 문제를 해결하고, 학습하도록 하는 도우미이다.

액션러닝의 양 날개, 팀 미팅과 성찰

액션러닝 문제해결 프로세스를 상상해보면 이런 모습이다. '정연해실'이라는 긴 기찻길을 지나며 팀이 중간 중간 작은 정거장의 '팀 미팅'을 수차례 진행한다. 각 팀 미팅의 끝에는 경험을 학습으로 전환하는 '성찰'이 들어간다고 생각하면 된다. 팀 미팅의 수는 정해진 것

과제정의	과제연구	해결방안 개발과 타당성 검증	실행과 성과 창출
1. 과제 선정 배경의 이해와 과제 관련 선행 학습 2. 과제 해결 후의 이상적 모습 구상 3. 팀 학습의 결과물 정의 4. 과제 조인식 실시	5. 과제 관련 이슈 분석 6. 가설 검증 계획 수립 7. 가설 검증 활동 수행 8. 가설 검증 결과 정리	9. 해결 아이디어 도출 10. 구체적 해결방안 개발 11. 해결 방안의 타당성 검증 12. 해결 방안의 수정 보완	13. 실행 의사결정 14. 실행 15. 실행효과 분석 16. 사후관리

팀 미팅 +성찰	팀 미팅 +성찰	팀 미팅 +성찰	팀 미팅 +성찰	팀 미팅 +성찰	팀 미팅 +성찰	-

이 없다. 과제의 진행 상황에 따라서 달라진다.

학습을 강화하기 위한 가장 효과적인 도구가 성찰(Reflection)이다. 누군가 잘못한 것을 추궁하는 것이 아니라 경험한 것을 비추어 보고 학습한 내용을 팀원들과 공유하는 것이다. 이 과정에서 미팅의 아쉬운 점이나 다음에 개선할 점들에 대해서도 대화할 수 있다. 함께 마라톤을 한다는 느낌으로 마음 속 짐도 그때그때 덜어내며 팀을 단단하게 하는 효과는 보너스다. 성찰하며 생각해야 할 점은 배운 점, 느낀 점, 실천할 점, PMI(Plus-Minus-Interest) 등이 있다.

공감의 시대:
Design Thinking

디자인 씽킹(Design Thinking)은 '문제해결에 있어서 디자이너들이 문제를 풀던 방식대로 사고'를 모두가 알 수 있도록 만들면서 시작되었다. 여기서의 디자인은 세밀하고 아름다움으로서의 디자인이 아니라 고객이 '문제가 해결된 경험'을 하게하는 모든 활동을 말한다. 이렇듯 디자인 씽킹은 사용자의 경험을 가장 중요한 것으로 보고 프로세스의 시작과 끝을 함께 한다. 논리적 해결의 시대를 지나 인간 중심 시대를 맞이해 이제는 초등학교에서도 가르치는 중요한 기법이 되었다.

사용자 공감으로 태어난 삼성무풍에어컨

바람이 피부에 닿는 것이 싫다는 고객의 요구를 해결하는 것은 사실 오랜 시간 에어컨 업계의 숙명이었다. 삼성뿐만 아니라 모든 경쟁사에서 벽면 자체를 냉매로 채우는 냉장고 건물까지 실험해 볼 정도로 강력한 고객과제였다. 새로운 시장이 보이는 문제지만 해결은 쉽지 않았다.

실마리는 '무풍'이라는 단어에서 등장했다. 바람 자체가 없는 것은 에어컨에게 모순이다. 모순은 해결 방법의 대상이 아니었지만 연구진이 고객중심으로 바라보며 시각이 전혀 달라졌다. 미국의 한 조류학회의 기준이 바람의 속도가 0이 아닌 것을 보고 '무풍'을 '고객입장에서 바람이 느껴지지 않는 상태'로 재정의하게 되었다. 바람을 느껴지지 않는 수준으로 쪼개고 풍속을 낮췄다. 그리고 작은 구멍이 나 있는 메시 디자인의 마이크로 홀을 만드는 데 총력을 다했다. 냉풍이 아닌 냉기가 된 것이고 바람이 있지만 바람이 없는 모순 자체가 콘셉트가 되는 순간이었다.

결과는 모두가 알고 있다. 날씨가 더워지기만을 바랐던 에어컨 시장에 변화가 생겼다. 대다수가 차별화는 없다고 생각했겠지만 사용자 중심으로 보는 시야로 삼성이 차별화된 에어컨 시장을 직접 만들고 선점하는 결과를 가지고 왔다.

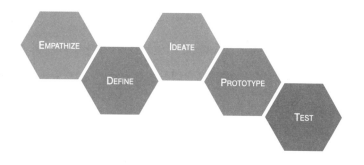

디자인 씽킹 5단계 프로세스

디자인 씽킹의 5단계 프로세스는 사용자, 고객의 검증, 공감 중심으로 이뤄져있다. 이 단계를 차근차근 밟아나가면 세상이 원하는 것을 만들어낼 수 있을 것이다.

1단계 공감(Empathize)

다른 문제해결 프로세스는 모두 과제를 정의하는 것에서 시작한다. 하지만 디자인 씽킹은 문제에 대한 해결자의 가정을 제쳐두고 사용자의 요구에서 시작하려고 한다. 확실한 사용자의 요구를 아는 것은 프로젝트가 산으로 가지 않도록 하는 중요한 열쇠다

2단계 과제정의(Define)

공감 단계에서 얻은 시사점으로 고객에게 가장 중요한 핵심 문제를 정의한다. 이때 가장 중심이 되는 것이 사용자 중심 마인드이다. 이 단계에서는 디자인 씽킹으로 유명한 디자인컨설팅 회사 IDEO에서

제시한 과제 선정 방법을 사용하면 좋다. 사용자에게 가치가 있는지, 기술적으로 실현이 가능한지, 사업으로 가치가 있는지의 세 가지 기준을 충족하는 문제를 해결대상으로 삼는다. 그 중에서 가장 우선순위는 역시나 사용자의 가치다.

3단계 아이디어 발상(Ideate)

처음 두 단계가 의미 있게 진행되었다면 이제 고객의 문제에 정확한 초점을 맞출 수 있다. 여기서부터 해결안을 탐색하기 시작한다. 처음부터 아이디어를 정해놓고 검증하는 방법과는 다르다. 이제는 주제 안에서 브레인스토밍, 스캠퍼 등 어떤 아이디어 발산 도구를 사용해도 된다.

4단계 빠른 프로토타입(Prototype)

디자인 씽킹에서의 프로토타입은 고객이 만족하는지 빠르게 확인하는 것을 목적으로 한다. 모든 기능을 가진 제품을 가지고 테스트하기보다 축소 버전의 제품이나 특정 기능만을 가지고 테스트 단계로 넘어가는 것이 핵심이다.

5단계 적용해보기(Test)

프로토타입을 고객입장에서 평가해보고 수정하는 반복 작업의 단계이다. 최상의 솔루션이라고 확신되기 이전까지 다시 활용해본다. 원하는 결과가 아닌 것은 실패가 아니라. 문제를 재정의 하는 중요한 자원으로 여겨진다.

이외에도 디자인 씽킹을 더 알고 싶다면 IDEO를 검색해 이들이 문제를 해결해가는 과정을 참고하는 것도 좋다. 이들은 인간중심의 의미답게 사람들의 니즈를 듣고, 솔루션을 창작해나가고 있다.

창업자여, 시동을 걸어라:
Lean-Start-Up

빠른 고객 검증이 창업의 생명이다

문제해결의 꽃은 창업이다. 창업이야말로 고객의 문제를 내 것으로 만드는 가장 확실한 방법이다. 하지만 확률만으로 보면 정말 어려운 싸움이다. 산업연구원에서 발표한 '창업 기업의 지속성장역량 분석과 생존율 제고 방안'에 따르면 창업 실패의 50%는 근원적으로 아이템의 시장성 검증이 부족해서 발생한 것으로 평가되었다. 이는 출시/판매 단계에서 대부분 발생하는데, 결국 '고객검증이 중요하다'는 식상한 말이 창업의 생명줄임을 확인하게 된 것이다. 결국 기본으로 돌아온다. 고객으로부터 문제를 찾아야 한다.

사업 초기 단계에 시간은 금을 넘어 목숨이다. 이때 자본금은 아침 햇살에 이슬 마르듯 사라진다. 다른 사업가들처럼 나도 뼈저리게 느꼈다. 린 스타트업(Lean-Start-Up)은 초기 비즈니스 모델과정에서 빨리 생존하는 궤도로 올라가기 위해 '낭비를 줄이는 것'이 핵심이다. 개발에 매달리는 시간에 실제 고객과 접촉하는 빈도를 높여 빠르게 검증한다. 변화가 심해 불안감이 극대화되는 지금 시기에 검증이야말로 문제해결에서 최우선되는 가치다. 그렇기에 꼭 스타트업만 알아야 할 지식은 아니다. 모든 비즈니스 문제해결에 필요하다.

> 아무도 원하지 않는 것을 만들기에 우리의 인생은 짧다.
> - 애시 모리아

기본은 '빠르게 검증하는 것'

린 스타트업은 조금이라도 만들어서 빨리 고객에게 보여주고 검증하는 '만들기-측정-학습 순환모델(Build Measure Learn Loop, 이하 BML)'이 모든 활동을 관통한다. 내용이 다를 뿐 지금 해야 하는 다급한 고민부터 단계별로 중요한 내용을 고객에게 검증하며 수정하고 학습한다. 한번 홈런을 치면 끝나는 것이 아니다. 사업 내내 반복하면서 사다리를 올라간다. 린 스타트업 도구들은 다양하지만 모두 순환모델을 기본 철학으로 하고 있다. 그렇다면 무엇을 검증해야 하는가? 사업의 진행 단계에 따라서 보자면 크게 3단계로 구분할 수 있다.

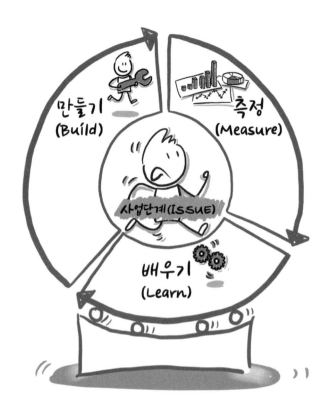

| 린 스타트업의 순환 단계 |

단계	단계별 이슈	내용
1단계	문제 / 솔루션 검증	창업자의 아이디어의 사업화 가치 검증 문제의 솔루션이 적절한지 검증
2단계	제품 / 서비스 검증	제품과 서비스의 기능이 적절한지 검증
3단계	비즈니스 모델 검증	지속가능한 비즈니스 요소 검증 수익모델, 채널, 재무 타당성 검증
	만들고-고객에게 검증하고-학습해서 다시 적용하는 과정의 반복	

창업을 시작하는 많은 사람들의 잘못 중 하나가 바로 2단계부터 시작하는 것이다. 1단계를 간과하고 좋은 결과를 얻을 수 없다. 그어떤 고객이 자신의 문제와 관련 없는 것에 돈을 지불하겠는가. 만약 약간의 운이 좋았다 하더라도 언젠가는 탈이 난다. 꼭 검증을 명심하자.

'최소기능제품'을 이해하라

검증이 중요하다고 하는데, 그렇다면 제품의 무엇을 검증해야 할까? 이때 활용되는 개념이 최소기능제품(Minimum viable Product, MVP)이다. 검증하는 사람의 입장에서는 지금 당장 검증해야하는 '최소한의 필수적인 기능'을 가진 제품이다. 제품에 따라서 성능, 무게, 심지어 가격 등 무엇이 될지는 본인의 제품을 이해하는 창업자만 판단할 수 있다.

간단히 설명하자면 다음 페이지의 그림처럼 MVP는 전체의 부분이 아니라 부분의 핵심 기능이다. 만약 자동차를 개발하는데 '이 바퀴 어떠세요?'라고 물어보면 고객은 바퀴만을 상상하고 답변할 것이다. 이때 최소 기능은 '마차처럼 이동하지만 말이 없는 기계'처럼 핵심 기능에 대해서 물어보아야 초점 있는 검증을 할 수 있다.

실제 현장에서의 첫 MVP는 작은 제품에서 시작한다. 함께 프로젝트를 한 대학생들은 손으로 펌핑해서 사용하는 '실험용 화학성분 보관통'을 샴푸 통에 화학제품 이름만 붙여서 검증에 나섰다. 학교

Not like this....

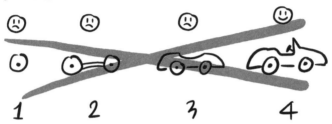

Like this!

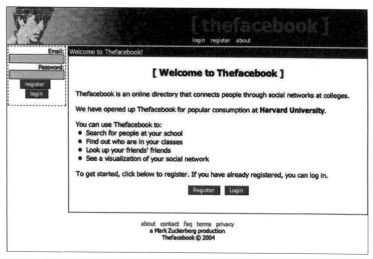

초기 페이스북은 MVP의 대표적 모델이다.

조교 선배들과 사업단 연구원들에게 물어보고 피드백을 받았다. 꼭
물리적 제품이 아니어도 적용할 수 있다.

　핵심기능을 모르는 경우에는 고객을 통해 알아볼 수 있다. 육아
휴직 제도 개선 프로젝트를 진행한 모 지역 공무원들과 '최소한의
육아가 가능한 상황'을 검증하고자 했지만 육아기능에 대한 고정관
념에 갇히고 말았다. 육아기능은 알지만 실행이 안 되는 문제와 연
관된 요소를 찾기가 어려웠다. 다음날 그들은 고객에게 직접 MVP
를 물어보기로 결정했다. 무엇이 육아휴직을 망설이게 하는지 육아
휴직을 사람, 시간, 공간으로 나누어서 고객들에게 지금 느끼는 가
장 어려움을 물어보았다. 그러자 '육아휴직의 대상자가 꼭 직계부모
여야 하는가?'라는 창의적인 프로젝트를 시작할 수 있게 되었다.

제품의 전체를 보는 '린 캔버스'

비즈니스에서 가장 도움이 되는 부분은 무엇일까? 고객? 물류? 재무? 하나만 빠져도 모습을 유지할 수 없는 것이 비즈니스다. 마치 유기체처럼 여러 요소가 복잡하게 연결되어 있다. 그러니 비즈니스를 한 눈에 보는 것은 어렵다. 그런 의미에서 린 캔버스(Lean Canvas)는 비즈니스를 숲에서 볼 수 있게 해주는 도구이며 비즈니스 메타인지를 갖는 가장 쉬운 방법이다.

린 캔버스의 개발자인 애시 모리아(Ash Maurya)는 창업자에게 필요한 비즈니스 도구를 고민하다가 《비즈니스 모델의 탄생》에서 나온 유명한 비즈니스 모델 캔버스(Business Model Canvas)를 재구성해보기로 마음먹었다. 그는 기존의 비즈니스 모델 캔버스는 비즈니스의 구조를 한눈에 보기에는 좋지만 창업자의 실행을 자극하지는 못한다고 생각했다. 그래서 창업자의 '문제 이해'를 자극하고 솔루션을 검증하는 것에 집중할 수 있도록 다음와 같이 재구성했다.

린 캔버스는 다음의 그림처럼 아홉 가지 요소로 구성되어 있으며 붙어있는 칸들은 서로 밀접한 연관이 있다. 자신의 비즈니스가 가지고 있는 속성들을 캔버스 위에 한 번만 정리해도 비즈니스의 구조에 대한 기본적인 통찰은 얻을 수 있는 훌륭한 도구다. 린 캔버스의 각 영역마다 어떤 것을 넣어야 하는지는 다음과 같다.

- 문제: 내가 해결하는 가장 중요한 문제 1~3가지
- 고객 구분: 내가 대상으로 하는 구체적인 고객

린 캔버스

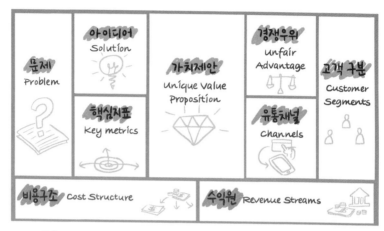

좌측) 제품/서비스 영역   우측) 시장 영역

- 가치 제안: 고객이 받는 가장 큰 구체적인 효용
- 아이디어(솔루션): 내가 제공하는 명확한 제품/서비스
- 유통채널: 고객이 제품/서비스를 받는 경로(유통, 온라인 외)
- 수익원: 매출과 수익을 발생하는 방법(일시불, 구독, 기부 외)
- 비용구조: 전체 비즈니스에 들어가는 모든 비용(고정비, 유동비)
- 핵심지표: 사업현황을 명확히 알 수 있는 지표(구독자, 광고 클릭수 외)
- 경쟁우위: 다른 제품이 흉내 낼 수 없는 차별화 포인트

린 캔버스를 사용하는 사용자들이 가장 많이 고민하는 부분이 어떤 요소가 가장 중요한지에 대한 부분이다. 이것은 비즈니스의

상태에 따라 다르다. 마치 의사가 진단하듯 하나의 요소가 설명이 안 되거나 인접한 요소들과 연계가 되지 않는다면 점검해볼 필요가 있다. 처음 접하는 사람이라면 좌측의 문제를 중심으로 진행되는 아래의 순서대로 작성해보자. 하나 더 좋은 팁을 주자면, 이런 캔버스를 작성할 때 포스트잇을 사용하면 수정과 보완이 용이하다.

린 캔버스는 비즈니스 문제해결의 감을 잡는데 매우 탁월한 도구이다. 하지만 도구 안의 내용을 정확하게 채워 넣기 위해서는 좋은 질문을 가져야 한다. 내가 가지고 있는 가장 구체적인 답을 적어나가는 것이 필요하다. 또한 린 캔버스 역시 새로운 아이디어가 생기면 아이디어 자체를 또 다른 창업으로 여기고 새로운 캔버스를 작성하며 반복적으로 검토 하는 것이 필요하다. 반복-검증은 린 스타트업뿐만 아니라 창업가의 숙명이다.

빠르면서 유연한 문제해결:
Agile

직선으로 달리지 말고 곡선으로 달리라고?

프로젝트에서 계획은 빠지지 않는 요소다. 계획이 없으면 어디로 가야할지 구성원들이 우왕좌왕할 가능성이 높다. 그렇다고 계획에 의존하자니 구성원들이 변화에 대응하기 힘들고 절차를 따르다가 타이밍을 놓치게 하고 만다. 애자일(Agile)은 이런 두 가지 고민에서 상황에 맞는 타협을 하려는 것에서 시작했다.

시간은 돈이다. 프로젝트를 진행하면서 시간이 지나버리면 납기를 맞출 수 없든 고객이 떠나가든 결국 손해를 본다. 그런데 애자일은 정해진 직선 대신에 빙빙 돌아 곡선으로 가라고 한다. 안 그래도 시간이 부족한데 빙 돌아가는 것이 과연 더 효율적일까? 그런 경우가 딱 한 가지 있다. 바로 세상이 불완전하고 예측이 불가능할 경우다.

직선으로 구성된 개발 프로세스의 대표적 모델은 '워터폴(Water Fall) 방식'이다. 지금까지 사용된 대부분의 프로젝트 방법이라고 생각하면 된다. 정형화된 단계, 단단하게 구성된 계획, 논리에 기반을 둔다. 이해하기도 쉽고 사람이 바뀌어도 중간부터 따라 잡을 수 있다. 이보다 더 마음 든든한 프로젝트의 시작점이 있을까? 그런데 실제로 프로젝트를 진행해보면 변수들이 생긴다. 계획한 것보다 공정이 늦어지고, 오류가 발생하면서 결국 프로젝트가 '접히거나' 구성원을 '갈아 넣기' 시작한다. 스트레스로 품질은 떨어지고, 대규모 프로젝트가 끝나면 직원들의 휴직 신청이 줄을 잇는다.

그럼 빙빙 돌고 도는 애자일은 계획이 없을까? 아니다. 핵심은 유연할 수 있도록 전체적인 플랜을 잘게 부숴, 고객의 요구사항을 일정한 주기로 반영해 프로토타입(Prototype)을 만들어내는 것이다. 이렇게 실제 변화를 체감하는 과정에서 프로젝트 팀 뿐만 아니라 고객의 신뢰를 얻을 수 있다는 장점이 있다.

애자일, 어디서 온 녀석인가?

애자일이 갑자기 태어난 것은 아니다. IBM OS 360개발을 경험했던 프레드 브룩스(Frederick Philips Brooks Jr.)는 1975년 '은빛 총알은 없다'라는 논문을 통해 새로운 대안으로 유기적인 방법론이 필요함을 이야기했다. 이런 흐름이 컴퓨터의 보급과 다양한 사용자를 만족시켜야 하는 시점과 맞물려서 2001년 기존의 소프트웨어 개발 방법들을 벗어나고자 '애자일 선언문'을 발표했다.

공정과 도구보다 개인과 상호작용을
포괄적인 문서보다 작동하는 소프트웨어를
계약협상보다 고객과의 협력을
계획을 따르기보다 변화에 대응하기를
- 애자일 소프트웨어 개발 선언 中

애자일은 개발자들에 의해서 태어난 소프트웨어 개발 방식이지만, 그렇다고 해서 '나랑은 관련 없다'는 색안경을 끼고 볼 필요는 없다. 바로 두 번째 줄의 소프트웨어를 결과물로만 바꾸면 모든 프로젝트에 영감을 주는 문구가 된다. 애자일의 핵심은 바로 이것이다. 컴퓨터 앞에 앉아 코딩하는 사람들의 전유물이 아닌 함께 문제를 해결하는 모든 사람들에게 외치는 불확실한 시대의 철학이다.

당신이 이 소프트웨어가 했으면 하는 모든 것(우리는 이걸
'스토리라고 부릅니다)을 적을 수 있다고 상상해 보세요.
각각의 스토리는 신기하게도 구현하는 데 일주일이면 됩니다.
만약 20개의 스토리를 가진 프로젝트가 얼마나
걸릴지 알고 싶다면, 답은 20주입니다. 만약 15주 후에
그 프로젝트가 완료되길 바란다면, 당신은 가장 중요한 열다섯 개의

이야기만 고르면 됩니다. (중략) 1주일에 한 번씩 당신은 구현할 이야기 하나를 선택합니다. 1주일에 한 번씩 당신은 그 주의 이야기와 동시에 이전의 이야기 모두를 포함하는, 출하 가능한 완전한 시스템을 얻게 됩니다. 만약 6주 후에 새로운 이야기를 발견한다면, 당신은 얼마든지 다음 주의 이야기로 그것을 선택할 수 있습니다.

- 마이크로소프트웨어(Imaso) 2001년 11월호

위는 애자일의 가장 대표적인 소프트웨어 개발론 XP를 설명한 예시이다. 실제 조직에서는 이러한 활동들을 더 세부적으로 잘하기 위해서 애자일의 구체적인 방법론인 '스크럼', '칸반' 등을 활용한다.

애자일로 문제를 해결하려면?

리그 오브 레전드(LOL)로 유명한 세계적 게임회사 Riot Games의 CMO 시드키(Ahmed Sidky)가 한국에 방문했다. 그는 애자일 컨설턴트이자 Riot Games의 수장으로서 애자일을 '학습하는 문화'로 소개하면서, 애자일을 배우는 패턴으로 가라데의 슈-하-리(SHU-HA-RI)를 제시했다. 슈하리는 아래와 같다.

- SHU: 'Follow the Rule', 처음에는 규칙을 따라 적용해보는 것

- HA: 'Break the Rule', 규칙을 하나씩 어긋나게 적용해보는 것
- RI: 'Make the Rule', 자신의 방법을 하나씩 만들어가는 것

이를 문제해결 방법으로서의 애자일에 적용해보면 다음과 같다.

- SHU: 팀의 규칙과 기존 성공사례를 알아보는 것
- HA: 개선하며 환경에 맞도록 조금씩 수정해보는 것
- RI: 성공했다면 자신만의 해결 방법으로 차별화하는 것

애자일 프로젝트 팀이라고 해서 다를 것 없다. 문제해결도 학습 과정으로서 새로운 기술을 배우는 사고, 언어, 생각의 구조다. 무엇인가 처음 해보는 분야라면 다양한 아이디어보다 기본에서 시작하는 것이 매우 중요하다.

기억해야 할 점은 유행처럼 따라가지 말라는 것이다. 애자일을 너무 성급하게 적용하려다 보면 다시 누군가의 지시와 계획에 의지하게 된다. 하나씩 차근차근 적용하고 학습한다면 애자일 기법뿐만 아니라 애자일로 문제를 해결하는 문화가 팀에 스며들 것이다.

사용자가 해결사다:
Living Lab

시민들이 직접 해결하다

리빙랩(Living Lab)은 비즈니스의 문제보다는 지역사회의 문제해결 방법이다. 시민 또는 사용자가 직접 자신들의 문제를 해결할 수 있도록 하는 실험실이란 의미를 담고 있다. 초기 미국의 모델에서는 기술적인 문제들이 중심이었지만, 유럽을 거쳐 한국으로 온 리빙랩은 다양한 사회 문제의 해결 자체에 초점을 맞추고 있다.

리빙랩은 시민들에게 조금은 생소한 개념이어서 정부나 연구기관이 시민들을 끌고 나가는 형태였다. 최근에는 시민들이 체감한 문제를 기관에서 채택해 지원하는 형태로 바뀌는 추세다. 경기도에서 진행된 '미세먼지 클린 리빙랩', 안전 분야의 '폴리스랩' 등은 선호도가 높았던 프로젝트로 지금은 전국적으로 실행하고 있다.

참여와 소통으로 사회혁신을 이끌다

고객문제는 기업이 해결한다. 고객의 문제도 해결해주고 수익도 발생하고 일석이조다. 하지만 수익이 발생하지 않는 우리 생활에 밀접한 문제들은 누가 해결해 줘야 할까? 대부분 "정부!"라고 대답할 것이다. 정부가 국민의 문제를 해결하는 것은 당연하지만, 일반적인 해결책을 전국에 적용하다보면 다수의 혜택을 위해서 분명 소수의 케이스는 포기할 수밖에 없을 것이다.

리빙랩이 주목을 받는 이유는 여기에 있다. 우리 지역의 문제는 우리가 해결하도록 하는 것, 쉽게 말하면 실제 생활환경에서 우리가 실험해보고 우리가 좋은 방법을 찾는 것이다. 우리나라의 다양한 지자체는 프로젝트 방법과 함께 시민과의 소통 방법으로 리빙랩을 채택하고 있다. 공동체가 정부와 함께 문제를 해결하는 새로운 시대가 열린 것이다.

리빙랩은 시민에게 문제를 떠넘기는 것이 아니다. 공공-민간-지역사회 각자가 잘하는 것을 함께하는 과정이다. 문제와 관련된 사람들을 최대한 동원해서 확실하게 해결하는 것이 리빙랩의 취지다. 지역문제의 관심이 높은 능동적 사용자, 지역문제를 발굴하고 해결하기 위해 노력하는 사회의 혁신가, 문제해결을 위한 기술을 실현할 수 있는 민간 전문가/기업, 리빙랩의 실행 동력을 제공하는 공공기

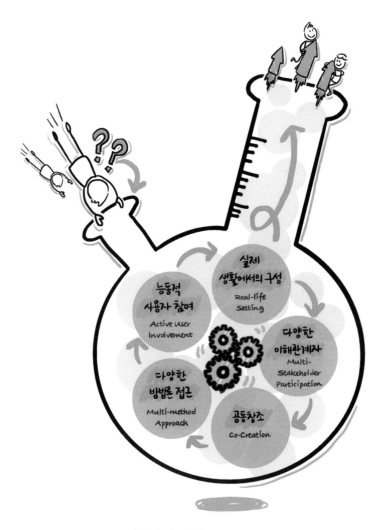

출처: 리빙랩의 구성요소 [유럽 리빙랩 네트워크 (ENOLL)]

	Public (정부/지자체)	Private (민간/개발자)	People (주민, 지역사회)
기존 프로세스 (연속형)	정책수립 및 계획 공고 → 결정	민간투자 및 과업수행 → 해결방안	계획수립 시 의견수렴 과정에서 참여
리빙랩 기반 프로세스 (선순환)	프로세스 관리	다양한 해결방안 기획, 공공/시민 가치 관련 의사결정	새로운 아이디어와 계획을 연계하기 위한 적극적 역할

관 그리고 이런 프로젝트를 진행하는 퍼실리테이터가 하나가 되어 진행해야 한다.

같은 문제는 세상에 하나도 없기에

지역사회에서 가장 많이 등장하는 프로젝트가 '주차문제'다. 어느 곳이나 있는 문제지만 정작 문제를 파악하면 각각 다르다. 점심 때 발생하는 불법주차, 시장 근처 주택가에 발생하는 불법주차, 언덕길 소방차 진입이 어렵게 되는 주차문제 등 지역과 상황에 따라 문제는 천차만별이다. 문제를 잘 해결하려면 문제의 '다름'을 아는 사람들 이 참여해야 한다.

어떤 아이디어가 더 좋은 아이디어인지는 중요하지 않다. 다음

| 두 지역의 주차문제 비교 |

독산동 행복주차 골목 만들기	문제	북촌 주차 공유 솔루션
좁은 골목에 수많은 주택 밀집	이슈	관광객과 지역주민의 주차문제
독산4동 행복주차 위원회	참여자	스타트업
동 주민센터 평일 심야, 주말, 어린이집, 빌라 등의 주차공간 공유	솔루션	IoT센서와 앱을 통한 유휴주차장 공유
주민들의 협조로 해결 방법 정착	결과	주민들의 협의 없이 진행해 IoT센터 파손 및 갈등 발생

에 나온 두 사례의 가장 큰 차이는 사용자가 직접 결정한 것과 아닌 것의 차이다. 협조와 참여가 이루어진 독산동은 실제 정착하고 우수사례로 꼽히는 반면 북촌 IoT 공유주차는 비슷한 기술을 넣고도 주민이 오히려 불법주차에 대한 불안감이 커졌다. 주민이 주차해야할 때 차가 그대로 있는 경우와 공유주차의 수익이 이런 불편함에 비교하면 터무니없이 작았다. 관광객 입장에서도 앱을 다운받아서 결재해야만 했다. 결국 가장 큰 차이는 이해관계자가 문제에 참여하고 있는가에서 온다. 리빙랩은 그때 비로소 가치가 있으며, 참가자가 참여하지 않는다면 절대 리빙랩이라 할 수 없다.

문제해결 방법들을 정리하며

과거의 문제들은 생산량의 증가, 기술자의 채용, 확장 등처럼 비교적 간단했다. 그래서 유명한 문제해결 방법론들은 그저 돈을 주고 컨설팅에 맡기면 해결됐다. 하지만 지금의 시대는 복잡하고 다양하다. 게다가 바뀔 때마다 컨설팅을 받을 수가 없다. 세상이 변하니 효과도 짧다. 결국 우리 구성원들이 직접 문제해결의 경험을 해야 하는 시간이 도래했다.

이런 복잡한 세상에 문제해결 방법들이 새로운 유행을 선도하고는 있지만 단하나 강조하고 싶은 것이 있다면 최신 것이 무조건 옳은 것은 아니다. 유행처럼 경쟁사에서 도입한 프로그램을 벤치마킹해도 우리 회사에서는 실패하는 경우가 허다하다. 우리에게 맞는 것은 우리가 찾아야 한다. 문제 자체의 목적이나 우리 조직만의 철학들을 함께 볼 수 있어야 한다. 흐름을 알고, 다름을 알면 우리의 문제에 무엇이 필요한지 찾을 수 있다.

문제해결 방법을 도입하기 전에 아래의 3가지를 기억하기를 바란다.

매칭(Matching)

문제는 정확한 방향성이 있다. 그것이 사람을 향하는지 원인을 제거하는 것인지 또는 전혀 다른 방법을 찾는 것인지에 따라서 방법은 달라진다. 내가 지금 다루는 문제와의 궁합(Good Matching)을 고려해야 한다.

메타인지(Meta-Cognition)

나의 문제는 해결하기 어려운데 다른 사람의 문제는 훤히 보일 때가 있다. 문제를 해결하는 단계에 들어가면 과도하게 불안한 부분이 보이거나 반대로 지나치게 옳다고 확신하게 된다. 문제해결의 최종 목적(Purpose)이나 현재의 상태(Condition)를 고려해야 한다.

틀릴 수 있다(Missable)

우리는 실제로 문제를 겪어보기 전까지는 확신할 수 없다. 그리고 대부분의 예측은 틀리기 마련이다. 그래서 문제해결 프로세스는 중간에 다른 방법으로 변경하거나 순서를 바꿀 수도 있어야 한다. 이렇게 유연하게 활용하려면 다양한 문제해결 프로세스(무기)를 가지고 있어야 한다.

감사의 말

세상의 지식도 누군가의 삶도 온전히 그 사람만의 것은 아니라고 생각한다. 이 책 역시 나의 이름은 대리인의 흔적일 뿐 함께 이 세상에 존재한 선현들의 결과물이다.

인간중심의 철학을 심어준 칼 로저스(Carl Rogers), 그리고 인간중심 문제해결을 경험할 수 있는 세상으로 초대해주신 스승 전북대학교 봉현철 교수님. 고객의 가치가 비즈니스임을 가르쳐준 피터 드러커(Peter Drucker), 그리고 그 비즈니스의 판을 단단히 마련해주신 김형숙 대표님. 존경하는 논리철학자 비트겐슈타인(Wittgenstein), 그리고 논리를 프레임으로 현실에서 보여주는 박승희 상무님. 개인을 넘어 조직을 볼 수 있게 도와준 에드가 샤인(Edgar H. Schein), 그리고 언제나 조직을 편안하게 만들어주는 최은미 실장님. 현실에 대한 냉정한 실증을 보여준 제프리 페퍼(Jeffrey Pfeffer), 그리고 작은 부분까지 꼼꼼히 챙겨주시는 안소연 팀장님. 전략과 창의적 사고를 연결시켜준 오마에 겐이치(大前硏一), 그리고 전략을 창의적 비주얼로 보여주는 퍼실리테이터 최아영 작가님. 부족한 리더십을 깨닫게 해준 워렌 베니스(Warren Bennis), 그리고 나의 부족한 리더십에도 항상 함께해준 박상재, 양한울, 윤지영 연구원과 퍼실리테이션의 분야에서 함께 뛰고 있는 모든 동료와 선배들은 내가 감사하고 또 감사해야하는 선현들이다.

모든 작가들이 주변 사람들로부터 지지를 받는다고 들었지만 나는 정말 큰 힘을 받았다. 작은 프로젝트 경험을 문제해결력으로 이끌어내는 탁월함을 보여주신 조영석 소장님, 원고가 얼어붙어 있을 때마다 함께해주신 정구철 저자님, 무엇이든 물어보면 한 차원 다른 생각을 이끌어 내주신 질문술사 박영준 소장님, 첫 번째 독자가 기다린다고 응원해주신 이규백 코치님 그리고 문제해결의 현장에서 학습자들과 함께 숨쉬어주신 파트너 코치님들, 문제해결력이 현실에서 숨 쉴 수 있는 기회를 준 모든 프로젝트의 팀원과 교육담당자들이 이 책이 나오는데 가장 큰 원동력이 되었다.

세상 누구보다 감사한 존재는 어려운 형편에도 삶에서 경험만큼은 부족하지 않도록 기회를 마련해주신 어머니, 누구보다 강한 모습으로 아들의 기억 속에 살아계시는 아버지에게 자식의 작은 결실도 당신의 것임을 말씀드리고 싶다.

마지막으로 이 책을 사랑하는 아내 지수와 나의 지구별 여행자 다연, 다은 그리고 범진에게 헌정한다.

참고문헌

- 김형숙, 봉현철, "액션러닝코치의 역량모델 개발에 관한 연구", 2010
- 박종훈, 〈이 시대 브랜드 가치는 '차별화' 아닌 '진정성'에서 나온다-찰스 트리베일 인터브랜드 글로벌CEO 인터뷰〉, 매일경제, 2018.04.06, https://www.mk.co.kr/news/business/view/2018/04/219777/
- 봉현철, 《성공하려면 액션러닝하라》, 행성B웨이브, 2011
- 성지은, 한규영, 박인용, "국내 리빙랩의 현황과 과제", STEPI Insight 184호, 2016
- 얀 칩체이스, 사이먼 슈타인하트, 야나 마키에이라 역, 《관찰의 힘》, 위너스북, 2013
- 이혜진, 유원정, 〈캠퍼스 속 "지뢰"…위험천만한 "팀플"〉, CBS노컷뉴스, 2013.06.17, https://www.nocutnews.co.kr/news/1049535
- 장예진, 〈강릉선 KTX 열차 탈선 사고〉, 연합뉴스 그래픽, 2018.12.09, https://www.yna.co.kr/view/GYH20181209000300044
- 조성주, 《린 스타트업 바이블》, 새로운제안, 2014, 63-66쪽
- 짐 콜린스, 이무열 역, 《좋은 기업을 넘어 위대한 기업으로》, 김영사, 2002
- 켄 시걸, 김광수 역, 《미친듯이 심플》, 문학동네, 2014
- Adventure Series for MR, GE Healthcare, https://www.gehealthcare.com/products/accessories-and-supplies/adventure-series-for-mr
- Andrew Nicla, 9 reasons why ASU was named the 'most innovative' college in the U.S., The state press, 2015.09.24.
- Ash Maurya, Why Lean Canvas vs Business Model Canvas?, 2012.02.28, https://blog.leanstack.com/why-lean-canvas-vs-business-model-canvas-af62c0f250f0
- Bruce W. Tuckman, "Developmental sequence in small groups", Psychological Bulletin, 1965, 63 (6): pp.384-399.
- Catherine Clifford, Zameena Mejia, Why Elon Musk wants his employees to use an ancient mental strategy called 'first principles', Make it, 2018.04.18
- Coaching Tools 101: The Action Priority Matrix - Achieve More!, The Coaching Tools

Company, 2019.09.20, https://www.thecoachingtoolscompany.com/action-priority-matrix-coaching-tool-achieve-more-emma-louise-elsey/

- D. SCOTT DeRUE, SUSAN J. ASHFORD, CHRISTOPHER G. MYERS, "Learning Agility: In Search of Conceptual Clarity and Theoretical Grounding",

Industrial and Organizational Psychology, 2012

- David J. Snowden, Mary E. Boone, A Leader's Framework for Decision Making, Havard Business Review, 2007

- Dean Mobbs, Predrag Petrovic, Jennifer L. Marchant, Demis Hassabis, Nikolaus Weiskopf, Ben Seymour, Raymond J. Dolan, Christopher D. Frith, "When Fear Is Near: Threat Imminence Elicits Prefrontal-Periaqueductal Gray Shifts in Humans", Science, 2007

- Drake Baer, Why Apple employees learn design from Pablo Picasso, Business Insider, 2014.08.15, https://www.businessinsider.com/why-apple-employees-learn-design-from-pablo-picasso-2014-8

- Erik Brynjolfsson, Andrew McAfee, 《The Second Machine Age : Work, Progress, and Prosperity in a Time of Brilliant Technologies》, 2014

- Gary Hustwit, 〈Rams〉, Motion picture, 2018

- Heidi Grant, Mary Slaughter, Andrea Derler, 5 Mistakes Companies Make About Growth Mindsets, Harvard Business Review, 2018.07.23

- Henry Petroski, 《The Evolution of Useful Things》, 1992, pp. 84-86

- http://usawc.libanswers.com/faq/84869

- https://en.wikipedia.org/wiki/Environmental_impact_of_paper#Paper_waste

- https://www.usnews.com/best-colleges/rankings/national-universities/innovative

- IDC Worldwide Quarterly Mobile Phone Tracker, 2010.02.04

- Jenny Anderson, A Stanford researcher's 15-minute study hack lifts B+ students into the As, Quartz, 2017.05.09

- Kenneth Marsh, Betty Bugusu, "Food Packaging—Roles, Materials, and Environmental Issues", Journal of food Science, 2007

- Kurzgesagt - In a Nutshell, 〈The Rise of the Machines - Why Automation is Different This time〉 Online Video Clip, 2017.06.09

- Life Cycle Assessment of grocery carrier bags, 덴마크 환경부 연구자료
- MAKING MICROLEARNING WORK AT WORK, ATd Mid-michigan chapter, 2016.06.17
- Malcolm Gladwell, 《Outliers》, "The Opportunity to Practice 10,000 Hours", 2008
- Manifesto for Agile Software Development, Agilemanifesto.org. 2001. Retrieved March 26, 2019.
- Margaret Rouse, gap analysis, SearchCIO, 2014, https://searchcio.techtarget.com/ definition/gap-analysis
- Method Empathy Map, Stanford Dschool, http://dschool-old.stanford.edu/wp-content/ themes/dschool/method-cards/empathy-map.pdf
- Pablo Briñol, 《Social Metacognition》, 2012, pp. 243-262
- Patricia Chen, Omar Chavez, Desmond C Ong, Brenda Gunderson, Strategic Resource Use for Learning: A Self-Administered Intervention That Guides Self-Reflection on Effective Resource Use Enhances Academic Performance., Psychological Science, 2017
- Phoebe Weston, Plastic bags were created to save the planet, inventor's son says, The Independent, 2019.10.17
- Roland Geyer, Jenna R. Jambeck and Kara Lavender Law, "Production, use, and fate of all plastics ever made", Science Advances, 2017
- Ted-ed, 〈Can you solve the virus Riddle? Lisa Winer〉, Online Video Clip, 2017.04.03
- The Future of Jobs, Executive Summary, Employment, Skills and Workforce Strategy for the Fourth Industrial Revolution, World Economic Forum Report, 2016
- The New Plastics Economy: Rethinking the future of plastics, Ellen Macarthur foundation, 2016.01.19
- Thick and Thin Questions, Education Resource Group, 2016.11.09, https://www. myedresource.com/2016/11/09/thick-and-thin-questions/
- TRIZ 40 Design Principles. Module SESA3002a; Aerospace Design James Scanlan, School of Engineering Sciences, University of southampton
- What is Occam's Razor?, math.ucr.edu., 2019.06.01
- What is XP : Kent beck과의 인터뷰, https://web.archive.org/web/20061012034642/ http://xper.org/wiki/xp/WhatIsXp

북큐레이션 • 원하는 곳에서 꿈꾸고, 가슴 뛰는 삶을 살고픈 이들을 위한 책

《야근이 사라지는 문제해결의 기술》과 함께 읽으면 좋은 책. 남보다 한 발 앞서 미래를 준비하는 사람이 주인공이 됩니다.

꾸준함을
만드는 법칙
수록

하루 1% 15분 꾸준함의 힘

노승일 지음 | 14,500원

**평범한 나를 특별하게 만들어주는
'꾸준함'의 힘을 경험하라!**

항상 하던 다짐들이 작심삼일로 끝나는가? 결국 오늘도 포기하고 '내일부터 시작해야지'라며 하루를 흘려보내는가? 그리고 이 패턴이 매일같이 반복되는가? 그렇다면 이 책에서 하루에 단 1%, 15분만 꾸준히 투자하는 방법을 찾아보라. 성공, 좋은 관계, 건강, 행복 등 개인의 삶 속에서 세웠던 목표를 꾸준함의 힘으로 달성할 수 있을 것이다. 가난했던 한 청년의 가슴 설레는 도전들이 가득 담긴 이 책을 통해 독자들은 작심삼일과 무기력, 자괴감의 늪에서 빠져나와 새로운 인생을 살아갈 강력한 동기를 얻을 것이다.

사장
자가진단표
수록

사장교과서

주상용 지음 | 14,500원

**사장, 배운 적 있나요?
사장이 반드시 알아야 할 기본 개념 40가지**

이 책에서는 기업 CEO들의 생각 친구, 경영 멘토인 저자가 기업을 성장시키는 사장들의 비밀을 알려준다. 창업 후 자신의 한계에 부딪혀 심각한 성장통을 겪고 있는 사장, 사람 관리에 실패해서 바닥을 경험하고 새로운 재도약을 준비하고 있는 사장, 위기 앞에서 이젠 정말 그만해야겠다고 포기하기 직전에 있는 사장, 어떻게든 사장을 잘 도와 회사를 성장시키려는 팀장 또는 임원, 회사의 핵심 인재가 되려고 사장의 마음을 알고 싶은 예비 해결사 직원, 향후 일 잘하는 사장이 되려고 준비 중인 예비 사장들에게 큰 도움이 될 것이다.

플랫폼 구축
트레이닝
시트 수록

노마드 비즈니스맨

이승준 지음 | 15,000원

시간을 팔아서 돈을 벌지 말고,
나 대신 돈을 벌어줄 플랫폼을 구축하라!

다들 돈과 시간에서 자유로운 삶을 꿈꾼다. 하지만 연봉은 적게 받고 일은 더 많이 하는 게 현실이다. 이 책은 직장 생활을 하지 않아도 충분한 돈을 벌고 자신이 원하는 삶을 살아가는 방법, 즉 '노마드 비즈니스맨'이 되는 방법을 알려준다. 7년간 노마드 비즈니스로 일하며 일주일에 3~4시간 일하고 월 1억 원 이상을 버는 저자가 네이버 카페, 책, 유튜브, 카카오스토리, 페이스북 등 다양한 SNS를 통해 노마드 비즈니스를 실천할 수 있는 구체적인 방법을 소개한다. 또한 독자 개인의 성향에 맞는 노마드 비즈니스를 찾을 수 있도록 안내해준다.

메모 잘하는 법
10가지 수록

일은 줄이고 삶은 즐기는
완벽한 직장인

최민기 지음 | 14,500원

프로 직장인이 13년간 메모를 통해 정리한
업무 방식을 전격 공개한다!

저자는 13년간 업무를 하면서 하루도 거르지 않고 기록을 남겼다. 새로 터득한 업무 지식 및 경험, 실수를 통해 깨달은 교훈, 아이디어, 조직 운영과 대인관계에서 느낀 감정 등 회사생활 전반을 정리한 기록이다. 이 책은 그 기록을 바탕으로 완벽한 직장인이 되려면 알아야 할 업무 비법으로 정리한 것이다. 1장에서는 '왜 프로 직장인이 되어야 하는지'에 대한 이유를 정리했고, 2장에서는 프로 직장인이 갖추어야 할 능력을 직접 겪은 사례로 풀어냈다. 3장과 4장에서는 '프로 직장인이 일하는 방식'을 설명했다.